新时代背景下高校思政育人体系路径探索

谢波 孙玉 著

吉林大学出版社
·长春·

图书在版编目（CIP）数据

新时代背景下高校思政育人体系路径探索 / 谢波，孙玉著 . -- 长春 : 吉林大学出版社 , 2022.1

ISBN 978-7-5692-9914-4

Ⅰ . ①新… Ⅱ . ①谢… ②孙… Ⅲ . ①高等学校—思想政治教育—研究—中国 Ⅳ . ① G641

中国版本图书馆 CIP 数据核字 (2022) 第 023019 号

书　　名	新时代背景下高校思政育人体系路径探索
	XINSHIDAI BEIJINGXIA GAOXIAO SIZHENG YUREN TIXI LUJING TANSUO
作　　者	谢波　孙玉　著
策划编辑	董贵山
责任编辑	张宏亮
责任校对	殷丽爽
装帧设计	王　斌
出版发行	吉林大学出版社
社　　址	长春市人民大街 4059 号
邮政编码	130021
发行电话	0431-89580028/29/21
网　　址	http：//www.jlup.com.cn
电子邮箱	jldxcbs@sina.com
印　　刷	天津和萱印刷有限公司
开　　本	787mm×1092mm　1/16
印　　张	11
字　　数	197 千字
版　　次	2022 年 5 月　第 1 版
印　　次	2022 年 5 月　第 1 次
书　　号	ISBN 978-7-5692-9914-4
定　　价	72.00 元

版权所有　翻印必究

前　言

习近平总书记在全国高校思想政治工作会议上明确提出，高校思想政治工作关系高校培养什么样的人、如何培养人以及为谁培养人这个根本问题。要坚持把立德树人作为中心环节，把思想政治工作贯穿教育教学全过程，实现全程育人、全方位育人，努力开创我国教育事业发展新局面。在《高校思想政治工作质量提升工程实施纲要》[①]的指导下，在高校长期的探索、尝试、实践中，高校思政育人体系被不断赋予着新的内涵。对此，本书紧紧围绕"新时代背景下高校思政育人体系路径探索"这一主题展开论述，依次对高校思政育人体系的主要任务、大学生思想政治教育的教师队伍建设、高校思政育人体系构建举措等方面做出全面解读。本书反映了高校思政育人体系的新态势，突出了高校思政育人演变的新特征，具有前瞻意义。同时本书视角独特、观点新颖、论述翔实，可作为相关参考用书。

本书第一章为大学思想政治教育概述，分别介绍了大学生思想政治教育的原则与特征、大学生思想政治教育的问题和大学生思想政治教育的现状三个方面的内容；本书第二章为高校全方位思政育人体系构建，主要介绍了三个方面的内容，依次是高校全方位思政育人体系的概述、高校全方位思政育人体系的现状，以及高校全方位思政育人体系的搭建；本书第三章为大学生思想政治教育的教师队伍建设，依次介绍了三个方面的内容，分别是高校思政教师的角色定位、教师队伍建设理论体系和教师队伍建设有效策略；第四章为明确高校思政育人体系的主要任务，依次介绍了丰富高校思政育人内容、提升学生学习主体地位，以及开拓高校思政育人路径三个方面的内容；本书第五章为新时代高校思政育人的多样化创新策略，主要介绍了三个方面的内容，分别是思想政治课的实践教学、传统文化与思政课程的融合，以及新媒体与思政课程的融合。

在撰写本书的过程中，作者得到了许多专家学者的帮助和指导，参考了大量的学术文献，在此表示真诚的感谢。本书内容系统全面，论述条理清晰、深入浅出，但由于作者水平有限，书中难免会有疏漏之处，希望广大同行及时指正。

作　者

2021 年 7 月

[①] 教育部.高校思想政治工作质量提升工程实施纲要.2017 年 12 月 5 日

目 录

第一章 大学思想政治教育概述 ... 1
第一节 大学生思想政治教育的原则与特征 ... 1
第二节 大学生思想政治教育的问题 ... 11
第三节 大学生思想政治教育的现状 ... 25

第二章 高校全方位思政育人体系构建 ... 35
第一节 高校全方位思政育人体系的概述 ... 35
第二节 高校全方位思政育人体系的现状 ... 49
第三节 高校全方位思政育人体系的搭建 ... 63

第三章 大学生思想政治教育的教师队伍建设 ... 81
第一节 高校思政教师的角色定位 ... 81
第二节 教师队伍建设理论体系 ... 87
第三节 教师队伍建设的有效策略 ... 89

第四章 明确高校思政育人体系的主要任务 ... 103
第一节 丰富高校思政育人内容 ... 103
第二节 提升学生学习主体地位 ... 107
第三节 开拓高校思政育人路径 ... 111

第五章 新时代高校思政育人的多样化创新策略 …………………… 129
第一节 思想政治课的实践教学 ……………………………… 129
第二节 传统文化与思政课程的融合 …………………………… 137
第三节 新媒体与思政课程的融合 ……………………………… 153

参考文献 …………………………………………………………………… 169

第一章 大学思想政治教育概述

本章的主要内容为大学思想政治教育概述，分别介绍了大学生思想政治教育的原则与特征、大学生思想政治教育的问题和大学生思想政治教育的现状三个方面的内容。期望能够通过讲解，提升大家对相关知识的掌握。

第一节 大学生思想政治教育的原则与特征

一、思政课程的教学原则

（一）坚持以人为本的教学原则

1. 人本原则的内涵

人本原则，顾名思义就是以人为本的原则。"人本"这个概念在中华优秀传统文化中由来已久。据文字记载，人本原则的思想雏形来自《管子·霸言》，"夫霸王之所始也，以人为本。本治则国固，本乱则国危。"[1]《管子·霸言》中的这句话充分证明了以人为本的思想在我国古代就已经得到了社会的普遍认同。儒家文化的代表人物孟子也曾提出："民为贵，社稷次之，君为轻。"[2]这显示出了人本原则在中国有着广泛而深刻的理论基础与普遍认同。而关于人本原则的思想也是马克思主义理论中最重要的内容之一。马克思主义将人的全面发展中分为三个主要部分，第一个部分是人的能力在整个社会中充分而自由的发展；第二个部分是人的独立性的阶段（以人类对物质的依赖关系为基础）；第三部分是社会关系和人的个性的全面发展。人本原则的最重要体现就是人的自由而全面的发展这一

---

[1] 管仲.《管子·霸言》
[2] 孟子.《孟子·尽心章句下·第十四节》

根本目标与最终要求。

人本原则在高校思想政治教育中，更着重于作为个体的人的个性的释放与发展，形成一种对人在社会中扮演了重要角色及发挥着重要作用的肯定。这个个体不仅是指学生个体的自由发展，也是指作为教育者的教师同样也是主体之一，承担着重要的责任。思想政治教育工作坚持人本原则，实质上就是坚持以人为本的教育理念，将教育者与受教育者都放在主体的地位，将马克思主义的基本观点运用到日常教学工作中，实现教学资源、综合管理、思想指导三者的有机结合，帮助高校青年学子树立正确的价值观导向、开阔的世界观、正确的人生观引领，为今后个人的发展与国家的前进打下良好基础。

2. 坚持人本原则的途径

（1）双主体地位的业内共识

首先要尊重教育者的主体地位。在思想政治教育中，教师扮演了一个举足轻重的角色。虽然在大学阶段众多学生在生理上已经成年，他们朝气蓬勃、勇敢上进，但与此同时，他们同样也是一个意志力较为薄弱的群体，世界观、人生观、价值观还未完全扩充完整。如果没有教师正确和合理的引导下，他们很容易在意识形态上产生偏差，进而对个人甚至学校和社会产生严重的负面影响。高校思想政治教育就是要发挥出教师的引导作用，充分了解学生的成长环境及人生经历，尊重其个体的独立与个性，将理论方法逐步以学生所能接受的方式进行德育教育。其次，要尊重学生作为主体之一所产生的不可忽略的作用。思政教育工作者必须让学生意识到自己的主体作用，使其产生强烈的主体意识，在日常学习和生活的交流中，逐步培养学生的自觉学习态度，真正做到心中有律，行动有规。只有达成教育者与被教育者双主体地位的共识，才可以让思想教育理论不断地得到创新与发展。要加强思想政治教育在现实生活中的实践作用，使主体之一的受教育者成为我国社会主义现代化建设的中坚力量。

（2）科技背景与教育方法融合

现今时代是大数据人工智能的时代，各种科学技术层出不穷。思想政治教育作为教育体系中极为重要的一环，同样也需要跟上时代潮流，利用科学技术是相对教学方法的创新与发展。先进教育必须更注重培养能力，但是能力必须与自身知识体系结合在一起，才能发挥更大效用。所以，只有努力做到知识与能力的结合，才能在科技时代实现科技与教育的创新发展。要想让思想政治教育的实效性得到提升，教育者一定要将自己置身于科技发展水平不断推进的历史发展进程中，做到因势而新。同时要紧跟国际趋势，对于国内、国外思想政治教育工作的新方法与手段应该进行时刻关注。正确认识我国与西方发达国家之间的差异，全面的、客观地认识当代中国教育环境，并与国际接轨，不断提升自身教育的质量与水平。在教育手段上的创新，往往体现着一个学校对思想政治教育的重视程度，不断开展课外的实践活动，如田野调查或红色之旅等方式，是让一部分"五谷不分、四体不勤"的青年学生体验近代中国生活最直接的方式，也是历史与现代的一次跨时空连接。还有线上慕课等大量利用网络平台衍生出的全新的教育教学方法，不仅创新了思想政治教育的传播模式，也合理优化了对被教育者的考察结构。基于此，各大高校更应该积极合理地利用网络平台，对大学生进行多方引导，让其合理上网、文明上网，全面提高网络化时代高校学子的整体素质。

（3）加强高校立德树人教育环境建设

科学文化知识与人文情怀精神是高校区别于其他教育传播载体的关键所在，校园文化环境无论是对教师还是对学生，都会产生极为重要的影响。习近平总书记在多次讲话及很多场合中，都强调了立德树人这个教育大环境和教育基本理念，在高校思想政治教育中的重要作用，高校作为社会主义建设人才输送的主要形式，积极推进立德树人教育环境的基础建设，就是坚持人本原则发展创新思想政治教育。首先，要把师德师风建设放在首要位置，教师不仅是专业知识的教授者，同样也是道德教化的传播者，师德师风建设是高校立德树人教育环境基础建设最重要的一环。这要求高校教师不仅要有高学历，还要具备高品德，只有这样才能对学生产生积极正面的影响，对整个高校环境起着至关重要的作用。其次，必须把马克思主义的指导作用放在首位，以科学性和革命性统一的马克思主义指导思想为主体，根据受教育者的需要开展丰富多彩、创新十足的校园文化活动，具体落实理论上有指导、实践中有规范。最后，要在校园网络平台中坚持宣扬立德树人理念，将高校人本原则的思想政治教育方法和观念合理植入学生群体心中，让他们从内心产生强烈的认同感和荣誉感，并且以自身行动积极维护校园文化环境的创建。

3. 教学体系集成创新原则

教学指以课程和教材内容、教学手段等为中介的师生主体双方的教与学的共同活动，是实现课程标准的基本途径。围绕教学活动及其目的，以教材为基本遵循，在教学活动中所采用的各种教学要素所形成的一个整体就是教学体系。这个体系以教学目标为核心，将各类教学要素，如"教学主体（教师与学生）、教学目标和内容、教材与其他教学资源、教学活动、教学（教学与学习）评价与反馈、教学制度与管理"，以及场域、方式方法等进行统一运作。

既然教学体系是一个有机组合的运作整体，那么，就教学体系的集成创新而言，务必依据教学体系的特点，在教师队伍、教学场域、教学内容等方面进行相对应的、科学的、符合规律的改革与规范。具体来说，教学体系的集成创新需要坚持以下几个原则。

（1）坚持依据教师队伍实际进行教学体系集成创新

从宏观角度审视教师队伍，主要是从较大区域范围的角度观察区域内思想政治理论课教师的实际情况，主要看数量，结构、学历、培养体系、梯队建设、培养机制等问题。这些方面的矛盾处理得好的地方，集成创新的基础和前景就比较光明；这些方面的矛盾处理不好，集成创新的基础和前景就需要发挥创造性，努力加以解决。

从中观角度审视教师队伍，主要是从一个学校的角度观察学校思想政治理论课教师的实际情况，除了看数量，结构之外，也要看本校的培养体系、梯队建设、培养机制等问题，特别要观察学校范围内思政课教师的成长发展问题，创造出一个留得住，愿意干，争着干的环境和氛围，为思政课教师队伍的稳定发展创造出良好的发展空间。

从微观角度审视教师队伍，主要看每一个体的学历背景、优长不足，以及发展特点和个人实际。要对教师进行区别化培养，精准式推进，要把教师个体的实际和他能所担负的任务有机统筹，在最大化各自优势的基础上进行集成创新。要把教学和科研方面的某一类难题交给最适合创新的团队或个体，才能实现人才队伍资源开发创造的最大化。

（2）坚持依据教材和学情进行教学体系集成创新

依据教材和学情进行集成创新的目的在于保证创新的方向和步骤，脱离教材进行任何形式的创新，思想政治理论课就有可能变成"鸡汤课"，也会大概率脱离思想政治教育理论课的本质。所谓"鸡汤课"就是没有营养价值的课。为此，必须依据教材进行集成创新。同时，也要依据学情进行创新，学情是教学创新改革能否正常开展的前提，无视学情创新，大概率事倍功半，见不到实效，浪费各类资源。比如对于理工科学生和文科学生，不能适用统一的教学模式和教学方法。无论是资源配置还是讲授方式，以及任务安排都要体现出学情的实际，反之，所谓的集成创新距离初始目标就会越拉越远。

（3）坚持依据教学反馈进行教学体系集成创新

依据教学反馈进行集成创新是一个及时互动、不断调适，争取让教学不断得到进步的过程。所以，教学反馈要确保及时性和长效性，即一方面在较短区间内讲究及时反馈，一方面在较长区间内讲究跟踪反馈。也要确保其科学性和合理性，要在尊重思想政治教育教学的基础上进行评价和反馈，反对"一刀切"的评价反馈，反对不顾及实际学科特点的评价反馈。教学反馈也要注意全面性和综合性，确保教学反馈不是单独的、片面的评价，要确保学生的主体地位，要将专家意见和学生意见，以及其他听课老师的意见综合全面、实事求是地反映出来，否则也会给教师本人带来不必要的浪费和偏差性引导。

（二）实事求是原则

1. 实事求是原则的内涵

（1）必须适应社会发展与人民群众客观实际

人民作为社会的主人，其本质是一切社会关系的总和。因此，个体所拥有的社会关系及社会意识等因素，不仅会对人民思想的变化发展产生影响，而且还会对其起到制约的作用。思想政治教育对于个体与群体的思想转化都要加以重视，并且要重视社会风气，以及舆论能够起到的作用。这就要求，思想政治教育出发点与立足点一定要是社会发展的实际，以及群众的思想问题现状，不仅应该将人民群众看成是一个整体，在相同的起点上进行教育，也应该对千差万别的人民思想问题深入细致地进行研究，并对其加以解决。这样一来，就能够让理论与实践紧密地联系起来，让思想政治教育本身的针对性以及有效性得到增强。要想能够对人民群众思想发展变化的规律有准确的了解与掌握，那么就只能与实际紧密贴合，做好与之相关的调查研究工作，让思想政治教育的针对性、系统性及创造性不断得到增强。

（2）思想政治教育必须与利益引导相结合

人民的思想、行动都与其自身利益密切相关，利益是其进行生产及一切活动的动因，同时也是人民思想问题产生的根源。马克思主义的基本原则，就是让人民群众对自身的利益有充分的了解，并且让人民团结起来，为之奋斗，所以应该以人民群众利益作为着眼点进行思想政治教育。从利益导向上看，社会中一切人的关系都是利益关系，社会矛盾之所以会产生，就是因为在利益上存在着差异，或者利益是对立的。如果想要将人心凝聚起来，让矛盾得到协调，从而形成强大合力，其坚持的利益导向一定要是正确的。只有利益导向正确，社会不同阶层和群体才会从根本上协调一致，才能够共同行动和增强社会合力。在我国，国家、集体和个人利益从根本上就是一致的。我们进行思想政治教育的主要任务，就是引导人们认清这种一致性，为共同利益而奋斗，并且在奋斗的过程中让自我价值得到实现。毋庸置疑，个人、集体与国家的利益是不可分割的。在三者统一的关系中承认和尊重个人利益，是马克思主义的观点，也是思想政治教育工作的求实原则的要求。

（3）思想政治教育工作要有求真务实的作风

求真务实是我党的优良作风的集中体现，也是思想政治教育工作必须坚持的一点。思想政治教育工作者必须养成求真务实的作风，把求真务实、言行一致作为自己思想和行为的重要准则。要做到求真务实就要不唯上、不唯书，实话实说，实事实办，少搞形式，不尚空谈；要爱岗敬业，把工作当事业干、当学问钻研，勇于探索、创新；还要以身作则，率先垂范，要求别人做的，自己首先做到，以自身的模范作用教育、引导，激励受教育者。

2. 思想政治教育求实原则的当代启示

（1）用求实原则引领高校思政课创新

对于思想政治教育来说，其创新的主要渠道就是思想政治理论课，高校思想政治教育传授的知识应该是生动活泼的，而不应该是死板的；应该始终坚持实事求是，从学生的接受能力出发。思想政治教育的内容具有时代性、具体性，所以，在不同的时期，进行思想政治教育的内容也应该是不同的。并且，高校的思想政治理论课不能单凭思政课教师对学生进行课本的理论知识灌输，要结合现代化的多媒体教育教学方式，在教育教学中与学生发生教育主客体的互动，提高学生对理论课知识的接受性，以此让思想政治教育工作更加具有实效性。

（2）用求实原则营造高校良好的学术氛围

实事求是是学术研究所遵守的基本原则。因此，高校需要在学术领或真正贯彻求实原则，实事求是地对待学术成果，为高校营造健康良好的学术氛围。高校要用求实原则指导端正学术态度。尽管学术界对学术行为进行了严格的规范，对学术失范现象加大了惩处的力度，但学术失范行为仍有发生，如找写手代笔等不道德的学术行为依旧出现。因此，在进行高校思想政治教育工作的过程中必须要坚持求实原则，加强高校师生学术道德教育，强化学术规范教育、学术诚信教育、科学精神教育、学术法制教育，保持学术的健康发展。

（3）用求实原则指导高校"全员育人"

首先，高校要以实事求是为原则，进一步完善思想政治教育的领导与制度，把求实原则贯彻到思想政治教育教学及日常的工作中。高校不仅应该反对所有的形式主义作风，也要反对任何形式的弄虚作假，进而促进思想政治教育的领导与制度完善，提高高校思想政治教育工作的有效性。

其次，高校思想政治教育工作应该依靠全体教职工，而不能仅仅依靠思想政治理论课教师或专业课教师。要想提升高校全体教职工的育人意识，要以实事求是为原则，充分考虑高校教职工的人群特点。一方面，要选择合适的载体，利用各种现代化科技手段提升高校教职工的育人意识；另一方面，高校要以实事求是为原则对全校教职工的思想态势进行调研，通过对他们思想现状的准确把握，有针对性地提高他们的育人意识。

最后，在求实原则的指导下进行高校校园文化建设。一方面，高校要以求实原则提升校园物质文化水平，提升校园形象与风貌，对和谐的校园文化氛围进行营造，使学生在潜移默化中接受文化教育；另一方面，高校要以求实原则提升校园精神文化水平，经常开展校园实践活动，从而使学生的综合素质得到提高。

（三）灌输教育原则

1. 灌输的内涵

在现阶段我们看到"灌输"这个词的时候，就会不由自主地将它与填鸭式的教育混淆。灌输的教育方式之所以会让人产生一定的偏见，主要是因为它的字面意思使人产生曲解。大部分人所认为的灌输就是将某些知识，或者某些事物强行传达给某个人，强制让他接受。实际上在马克思主义理论体系中，灌输的内涵是很容易被人误解的，那么什么才是灌输的真正内涵呢？灌输的真正内涵是马克思主义政党在宣传社会主义思想过程中所用到的一些教育行为，或者是日常宣传行为等，通过这些社会实践，来将马克思主义思想传播到人民群众中，进而帮助他们形成正确的世界观。马克思主义所宣扬的灌输，其实就是将人民群众的大脑武装起来，引导人民群众为了理想而奋斗，并在科学理论的指导下不断进行实践活动，提升自身的价值。

2. 坚持灌输原则的途径

（1）灌输的内容要有针对性

对于大学生思想政治教育工作，灌输一定要是具有针对性的内容，有利于培养高素质、自主性、批判性的人才。现阶段，一定要把灌输内容的重点放在对大学生思想认识，以及现实问题的解决方面。对社会当前普遍重视的热点话题进行辩证、客观、科学的揭示，借以指导大学生的思维能力，培养其更加深入的分析能力。

在培养大学生知识水平的基础上,对其生活实践能力进行提高。这样有助于提高灌输原则的感染力和说服力。

(2)灌输的内容必须坚持正反结合

随着经济全球化的逐渐深入,我国社会呈现出转型局面,形势复杂,给大学生的成长带来困惑和迷惘。如果只是单纯地使用正面灌输的教育,那么就会显得苍白无力。所以,在进行灌输教育的时候,可以适当地穿插反面材料,不能一味地回避社会转型时期面临的巨大困难。这样的灌输更具说服力以及可信度,学生接受起来更加容易。

(3)灌输的方法必须具备多样性

灌输原则在实施过程中必须坚持教育模式的启发和引导作用,不能强制灌输。随着当代大学生思想意识的独立、竞争意识的增强,以及法律意识的提高,自主性也大大增强了。要实现灌输的作用,在灌输实施的方式方法上必须要与时俱进,不断创新。要做到理论与实践相统一,扩大灌输的覆盖程度,重视灌输进行中显性与隐性相结合的方法,提倡形象、环境、行为、校园文化、舆论、网络媒体,以及时间等多种灌输方式相结合的模式。将灌输原则充分融入管理、文体活动、校园文化及网络媒体之中,对大学生的思想意识造成潜移默化的影响。

(4)灌输的方法必须与自我教育相结合

灌输不仅是实施思想政治教育的主要途径,也是社会文明传承的重要渠道。有些人认为灌输原则只适用于知识水平较低的人,因为大学生有自学能力,灌输原则是不适用的,他们可以通过自己的学习和生活来修养公民行为和道德。但实际上,自我教育和灌输的原则并不矛盾,两者相辅相成,相互促进。自我教育和灌输的基本目标是相同的,灌输最终必须通过自我教育来理解和消化。此外,自我教育还以灌输原则为基本条件,否则自我教育将缺乏正确的引导。灌输原则以其系统性、目的性,以及正面性使学生在自我教育的过程中,避免了随意性及零碎性,有利于其克服认识和理解上的误区。如果一味地否认灌输原则的重要性,就等于否定了教育的必要性。

(5)灌输的客体必须具备主体能动性

高校在开展思想政治教育的时候,进行灌输的主体是教师,因此教师应该具备诱导性和能动性,占据主导地位。但是,大学生虽然是灌输的客体,也需要增强独立意识及自主意识,具备相应的主体能动性。由于大学生人格独立、重视自身感受、崇尚自我实现,因此,主体能动性更能激发大学生的自觉学习和研讨精神,实现自我教育,乐于接受灌输。只有不断实现客体的能动性,灌输的价值才能得到提升。反之,如果不注重大学生主体性的发挥,使其思想和行为受到抑制,而教师在灌输原则实施的过程中只注重自我为中心,灌输原则的目的就不容易实现,不利于大学生潜能的发挥。

二、大学生思想政治教育的主要特征

(一)民族性

民族性对于一个民族、一个国家是至关重要的存在,民族文化是"大浪淘沙"留下来的精华产物,凝聚了一个民族代代人民的精神思想精髓和智慧结晶,随着传播和继承早已融入人民的灵魂中。民族文化造就了不同民族的不同习俗和主要特征,民族性是文化的脊梁,是文化价值存在的基础和前提。弘扬中华民族传统文化也是思想政治教育工作的重要内容,培养高校大学生的民族自尊心、认同感、自豪感,能够有效帮助青年形成正确的人生观、价值观、世界观,从而拥有优良的性格品质。中华民族文化具有悠久的历史和深厚的底蕴,其中蕴含的一些思想和理念到今天仍然散发着生机和活力,仍然具有可借鉴性。在中华民族的历史长河中,儒家思想经过了大浪淘沙,承受了历史的筛选,在习近平新时代中国特色社会主义理论体系、理论思想的社会发展中仍然能展现其内涵。儒家所支持的忠、孝、礼、义、廉耻等人类社会道德标准,造就了中华民族的民族精神,经过这些民族精神的熏陶,高校大学生的道德文化素养可以大大提高,有助于学生成为有习近平新时代中国特色社会主义理论体系、理论思想的优秀人才。

(二)整体性

整体性在思想政治教育教学中首先体现在教学中的每一阶段和环节中,还体现在教学内容的整体性里。思想政治教育向学生传授了马克思主义理论知识,这一理论具有完备的逻辑体系和框架,其发展历程也具有整体性。思想政治教育教学的导向指引下的整体性主要表现在,以思想政治教育为教育教学内容,并引领教学的正确方向,而这门课程本身就具有完整性,在教学过程中首要的是让学生认知和了解这门课程的教学内容及其思想的整体性,而不是对某一部分具体的知识点进行深挖,因此对其的构建应坚持完整性这一特征。在教学过程中,不应把认识某一具体知识的目的作为教学的第一要务,否则学生将无法掌握这一教学内容的思想,更无从谈起对知识、思想的转化。

思想政治教育是一门兼具系统性、完整性的课程,可将各种性质类型的教育

新时代背景下高校思政育人体系路径探索

教学因素整合到教学过程中,并能引导学生把感性认识或零星观点转化成一个整体的思想政治素质。其教学最重要的一点就是要将学生对马克思主义理论的价值立场、观点等思想的认识转化为信念,因此在教学过程中一定要重视对整体性的把握。

(三) 时代性

思想政治教育必须牢牢跟上社会的发展节奏,要具有鲜明的时代性主要特征。时代性主要特征在教育内容中有所体现,举个例子,当前形势下中国共产党的政策、方针、路线是如何获得的?在现实生活中又有什么样的应用和依据?这些都是很重要的。思想政治教育也只有融入新时代的理论内容才具有生命力,才更容易被高校大学生掌握。随着改革开放和社会主义市场经济的不断发展,高校大学生的思想、价值观取向与以前相比产生了巨大的变化,受到了前所未有的影响。随着外来信息的不断涌入、人才需求的扩大,使青年学生有更大更好的舞台来发挥自己的才能。同时,世界上不同民族文化的价值观、生活理念随之涌入,形成了思想碰撞,导致了文化和意识领域的丰富化、多样化。而且当前世界的信息全球化、网络全球化,也对当代学生的思想政治教育提出了新的挑战。学生遇到的任何一个疑难问题都难以有标准的答案,这使得教育者在给予学生正确信息这方面的权威受到了挑战,这是高校大学生思想政治教育工作需要思考的新问题。时代性主要特征就是指思想政治教育要使理论联系新时代的实际,这就考验了思想政治教育者的理论驾驭能力,与结合实际有效地解决疑难问题的能力。只有具备上面所说的品质和能力,对于实际遇到的疑难问题才能有更透彻更有深度的理解,思想政治教育才能达到新的高度。

(四) 实践性与认识性统一

通过实践和认识的不断反复运动,人们对从教学实践过程中得到的原材料,运用头脑的主观的理论思维形成最初认识,在最初认识的基础上进行反复推敲,分析研究,总结归纳教学实践的内在的、本质的特征和现象,进而对这些现象的普遍联系进行分析研究,得到各种现象的内在联系和共同本质,从而形成思想政治教育教学的实践性与认识性统一。其实践性表现在两个方面:首先,源于思想政治理论课教学实践,并服务于思想政治理论课教学实践;其次,对培养高校大学生正确的马克思主义价值立场、方法、观点等具体的、现实的教学实践活动具有指导作用,是影响教学目的和教学效果达成的重要因素。

高校思想政治教育教学在本质上是教师与学生之间通过不断实践,不断提高认识，再用认识指导实践并得出的新的认识。广大高校思想政治课程教师的"教"与学生的"学"就是构成这一特殊教学实践的统一结合体，从而作为反映教学基本概念的范畴，具有实践与认识的统一性。思想政治教育教学作为党的指导思想重要宣传阵地，始终反映中国特色社会主义的建设发展这一实践活动，对这一实践活动中出现的种种问题而展开理论研究，其价值指向是引导学生掌握科学理论，坚定理想信念和提升思想素质。综上，教学的根本属性就是实践，其从实践中得出，也反作用于实践，为实践做指导。基于思想政治理论课教学实践活动而展开分析、研究、构建，得到思想政治教育教学也是实践和认识的统一体，具有实践和认识的统一性特征。

第二节 大学生思想政治教育的问题

一、存在的问题

（一）高校思想政治教育教学滞后

教育改革、教育创新一直是教育工作者的职责和使命。在我国经济发展新常态、中国特色社会主义进入新时代的今天，思想政治教学中的很多问题也逐渐显现。不只是时代与外部发展变革给思想政治教学带来新的挑战，在思想政治教学自身也存在一些矛盾。只有矛盾凸显，问题暴露，在问题的解决中我们才能实现新的完善和进步。

1. *教育对象思想杂化*

高校思想政治教育要想顺利开展并达到期望成效，需要多方协同发力，其中最重要的就是教育者和受教育者双方的共同配合，在双向互动中完成教学任务并达到教学目标，因而大学生自身的思想状态，也是高校思想政治教育难收成效的重要原因之一。当前高校大学生的思想意识和政治态度存在一定的问题。

首先，大学生缺乏对思想政治科学理论的真实信仰。根据调查结果显示，大部分学生表示自己对高校思想政治课持积极主动的态度，但由于我国高校的教育体制，以及国家选拔类考试大多倾向于应试教育，因而呈现出"重智轻德"的现象，学生所表现出来的对思想政治教育积极的学习态度，绝大多数是为应付考试或修学分，并非发自内心地接受思想政治教育知识，也并非真正信仰马克思主义等思想政治相关科学理论。由于教学模式和教学方法单一枯燥，与实际联系不紧密，造成了学生对思想政治教育相关科学理论"不实用"的心理暗示。加之信仰对象多样，以及家庭环境的影响，部分大学生甚至出现了封建迷信的思想行为。

其次，大学生缺失高层次的理想信念。随着改革开放的不断深入，社会的利益格局出现了深刻变革，人们对于自身利益的追求更为迫切。这是特定历史条件下，社会发展的必然结果。值得注意的是，高校大学生囿于思辨能力和知识储备所限，受社会环境的驱使，更多地将自身利益缩限于个人的物质利益。大学生实现职业理想的目的是追求更好的自身利益和自身发展，这仅是自我理想，而并非为社会主义事业的建设贡献力量的伟大追求。

最后，大学生的价值观存在偏差。当前，部分大学生受享乐主义、个人主义等负面思想及功利主义、利己主义的影响，与我国所推崇的优良传统精神形成对立。部分大学生受多元化价值观和思想的影响，出现了奢侈浪费、攀比心理等价值观问题，导致"校园借贷"现象时有出现；也有部分学生作为学生干部"官僚"气息过重，为学生服务意识较弱。

大学生是作为具有独立自主意识和基础知识储备的个体，其知识的吸收和理论的建构不是一个单向度的被动接收过程，而是在对所接触信息的理性选择中发展培育起来的。他不仅是教育的对象，更是学习的主人。尽管在思想政治教育的理论研究和探索中，都对学生这一对象的主体地位给予了充分的肯定和拔高，但是在传统教育思想、灌输式德育影响下，部分大学生往往缺乏主动的学习动机，在思想政治教育工作中参与感弱，处于被动接受的客体位。他们在课堂上，将"顺从"作为应该遵守的道德规范，只能跟着课本、跟着教师，尽管发言但不敢"发声"，想象力和个性被压抑，不利于与教师在互动中达成情感共鸣；在以量化考核为标准的"一刀切"评价体系中，片面追求标准答案权威下的高分数，导致学习信息的获得不是主动选择的结果，忽视了学习过程中情感、思想、技能的多维进步；在社团活动中，受管理体制的束缚，学生自身的兴趣和需要得不到充分满足，不利于培养学生的组织、协调、创新能力，充分发挥其作为主体的主观能动性。

2.高校思政课程教师的综合素质有待提高

随着国家对培养马克思主义理论学科专业人才的重视、各高校选聘思想政治课程教师标准的规范化，和对思想政治课程教师培训力度的加大，使得思想政治课程教师的整体素质较以前有了很大的提高，这在一定程度上增强了大学生对此课程的认同，但仍存在因部分此课程教师的综合素质尚待提高，而影响了大学生对此课程认同的情况。主要表现在以下几个方面。

（1）职业使命感有待提升

造成部分高校思政课程教师职业使命感有待提升的原因是多方面的。首先，部分高校思政课程教师的专业认同感和专业理想信念有待加强。专业认同感和专业理想信念是此课程教师爱岗敬业的重要精神支柱，然而现实生活中，一部分教师因对此课程的价值和作用认识不到位，只把自己所从事的此课程教学看作是谋生手段或一份工作，认为只需要按部就班地完成学校、学院安排的教学任务即可；同时，部分教师因自身的共产主义理想信念不够坚定，导致对自己以前所学专业和课堂上所讲内容不信服，这在一定程度上影响了他们的教学热情和动力。缺乏专业认同感和专业理想信念的教师，是不可能把此课程教学作为一项神圣的事业去追求，从而产生自豪感和使命感的。其次，高校思政课程教师的现实地位有待提高。虽然国家极为重视高校思政课程的建设和发展，赋予了思政课程教师较高的理论地位，但现实中此课程部分教师却因此课程受冷落、不被需要，导致其被其他学科教师、学生、家长和社会所看轻，使他们得不到相应的尊重和关注，感受不到作为一名高校思政课程教师应有的荣誉感，这使他们逐渐丧失了原有的自信和教学热情。最后，高校思政课程教师的经济待遇有待提高。虽然高校思政课程教师扮演着道德示范和具有无私奉献精神等的社会角色，理应追求高尚的精神境界，不被名利和金钱所左右，但邓小平同志曾说过，"革命精神是非常宝贵的，没有革命精神就没有革命行动。但是革命是在物质利益的基础上产生的，如果只讲牺牲精神，不讲物质利益，那就是唯心论。"[1] 因此，作为一名生活在经济社会中的高校思政课程教师，同样有追求自身利益的权利和现实需求。但现实情况是：一方面，此课程教师所从事的塑造人、培养人的教学活动和社科类科研均属于理论性质的，很难直接转化为现实生产力，使他们所获得的实际经济收益与社会其他行业，或同行业的其他学科教师相比不占优势；另一方面，此课程教师不仅承担着全校的思想政治理论课程，而且担负着对大学生进行日常思想教育和道德引导等的职责，然而他们所获得的报酬和福利待遇与其所承担的责任和实际工作量却是极其不匹配的，这会极大地削减他们的工作热情。

（2）理论素养有待加强

高校思政课程不仅具有特殊的功能属性，还具有学术性，需要此课程教师能够对一些专业问题做出观点鲜明、有说服力的解读，以增强其个人学术魅力，这就要求此课程教师要具备较高的专业知识素养。同时此课程又是一门综合性较强

---

[1] 引自1978年中央工作会议闭幕会邓小平《解放思想，实事求是，团结一致向前看讲话》

新时代背景下高校思政育人体系路径探索

的学科，涉及哲学、经济学和法学等学科知识，这就要求此课程教师不仅要有较好的专业理论素养，还要具备完善的知识结构和敏锐的观察能力，以保障其能够站在理论研究的前沿和社会现实，准确地为学生分析、解答一些复杂的社会现象和问题，彰显自身学识魅力，进而增强大学生对此课程的学习欲望。然而现实中，部分此课程教师存在着专业理论素养不够高、知识结构不够完善、科研能力不足，以及观察、分析问题能力不够强等问题，这就造成他们在面对一些艰涩难懂的马克思主义理论专业问题和复杂的社会现实问题时，显得不知所措、力不从心，无法做出令学生信服的解读，和耳目一新、准确合理的独到性见解。同时，他们也因对国内外流行思潮、理论前沿问题和社会热点问题等缺乏了解、思考和剖析，而不能将其很好地融入日常的教学实践中，致使他们的教学内容过于古板、枯燥，无法激起大学生的学习兴趣。

（3）教材体系转化为教学体系的能力有待提升

高校思政课程教材体系向教学体系的转化，需要教师具备能根据教材体系组织好授课语言、科学整合教材内容和合理重塑授课内容等的能力。但部分高校思政课程教师，特别是资历较浅的教师的这些能力却有待提高。具体表现在以下几个方面。首先，语言艺术有待提高。高校思政课程教师要能将晦涩难懂，且带有浓厚政治色彩的教材书面语言进行加工，并通过通俗化、幽默诙谐的教学语言表达出来，从而让大学生更容易理解和接受。然而部分此课程教师只是照本宣科，照读教材或PPT，这样不仅不利于大学生理解教材内容，也容易触发他们的抵触情绪，从而影响着此课程的教学效果。其次，整合教材内容的能力有待提升。一方面，高校思政课程的内容丰富、理论众多、信息量大，在仅有的上课时间里，教师不可能做到面面俱到。另一方面，高校思政课程的内容在纵向上，与中、小学阶段的思想政治理论课有重复。同时在横向上，此课程内部的不同课程之间也有重复的地方，虽然它们有所侧重，但内容的重复性会客观地削弱大学生的学习热情，这就需要此课程教师在结合教学大纲，对此课程教材体系内容整体把握，在大学生已有的知识水平上，对教材内容有所取舍和侧重，准确把握教学重点。然而现实中有部分教师分不清教材内容主次，在教学中"平均用力"，在有限的课时内为完成教学任务，而采取单项式的教学模式和满堂灌的教学方法，忽视了大学生的接受能力和课堂效果，严重影响了教学实效性。最后，重塑教材内容的能力有待加强。高校思政课程的理论性、逻辑性较强且较为枯燥，不容易引起大学生的学习兴趣和被其所理解。这就需要此课程教师将教材内容与现实生活相结合，把大学生在日常生活中能体验到、接触到的东西或问题融入教学实践中，使大学生觉得教材上的高深理论离自己并不遥远，进而产生熟悉感和亲近感，这样更容易被大学生所接受。然而部分此课程教师的这种能力却有待加强，影响着此课程的教学效果。

3. 思想政治教学形式"以活动促动机"

教学内容的落实、教学任务的完成，需要一定形式的课堂或者其他教学方法来实现。近年来学校教育开始注重以学生为主体，课堂形式的重心开始向以学生交流谈论为主偏移。为激发学生学习动机，学校开始用一些奖品、积分等激起学生的积极状态，期望以此来激励学生认真学习知识、提高能力。其中活动式教学法作为一个比较新的教学方式，得到了很多学校的推崇。但是对于活动式教学也是需要注意"度"的问题。活动是激发学生兴趣，引发学生独立动手实践完成任务的好方式，可是如果在课堂活动中滥用，往往本末倒置，引起负面效果。比如在政治课程中，新教材插入了法治方面大部分内容，对于这一教学内容，课堂开展活动往往采取一些新形式的情景剧与图片等。这显然不适用于普及严肃理性的法治知识、引发法治意识和观念发展。因此对于教学形式的转变中对于教学内容、教学阶段的针对性问题还需进一步完善。关于用活动等新颖形式激发学生学习动机的问题也需要进一步探讨。

4. 高校大学生的参与感不强

高等学校学生是作为具有独立自主意识和基础知识储备的个体，其知识的吸收和理论的建构不是一个单向度的被动接受过程，而是在对所接触信息的理性选择中发展培育起来的。

虽然在思想政治教育的理论研究和探索中，都对学生这一对象的主体地位给予了充分的肯定和拔高，但在传统教育思想、灌输式的影响下，高等学校学生在思想政治教育工作中往往参与感不强，缺乏主动的学习动机。

同时，在社团活动中，受管理体制的束缚，学生自身的兴趣和需要得不到充分满足，不利于培养学生的组织、协调、创新能力，以及充分发挥其作为主体的主观能动性。此外，对于学生思想政治素养的评价很多时候还停留在考试的层面，这也导致高等学校学生难以提升起自己的主动性，进而不能参与到教学活动中。

（二）思想政治教育实施者的不足

思想政治教育实施者自身或者说受到外部条件的制约还存在很多的不足，主要包括以下方面。

新时代背景下高校思政育人体系路径探索

1. 缺乏主动性

高等学校思想政治教育实施者主要包括思想政治理论课高等院校教师、专业课高等院校教师、辅导员、党务工作者、管理、服务人员及学生。这些人员能否明确自身角色定位，充分发挥积极性、主动性和创造性，关乎高等院校思想政治课教学成效和队伍建设质量，但当前这些人员的自身发展的主动性不足，表现在很多的方面。

最明显的是他们作为育人主体的育人热情尚未被完全唤醒，育人的主体性、能动性发挥受限。

作者分析原因发现，奖惩机制不健全是很大的一个原因，导致其创新动力不足。很多高等院校教师深陷教和考的小天地，无法准确把握思想政治课程的教学功能和育人价值，没能跳出教育看教育。这样只会离最初的立德树人使命、促进学生自由而全面发展的目标渐行渐远。

2. 高等院校教师不够重视

首先，思想政治理论课高等院校教师和专业课高等院校教师，在教学和科研的双重压力下，任务繁重，始终以教学大纲、书本内容为依托，以传统考试为主要落脚点，以专业知识、技能教授为本位。对学生个体的需要认识、理解不到位，易沦为没有思想、没有感情的教书机器，将"育人"这一过程异化为机械的传递、灌输的行为，不利于学生的全面发展。

高等院校思想政治教师是思想政治队伍建设的主体，充分发挥其主观能动性，让其全身心投入队伍建设，不仅对自身专业化成长极为有利，对推进高等院校思想政治课改革创新也有重要的作用。高等院校思想政治教师除了教授理论知识外，还肩负着立德树人的使命，承担着人生导师的角色。但目前存在部分高等院校教师发展动力不足，表现为思想上不够重视、责任意识淡薄、工作标准不高、没能认清自身角色定位，对党中央和地方教育行政部门下发的关于高等院校思想政治课教师队伍建设的政策文件，和新课程标准没能真正领会其核心要义。

其次，很多时候，高等院校思想政治课教师忽视了自身角色的政治属性。应让懂政治的人讲政治，让有信仰的人讲信仰。高校思想政治课是教育的重要组成部分，倘若高等院校思想政治课教师从内心深处并非真正认同、理解、把握所讲授的内容，自身的理想信念都不够坚定，无疑会减弱这一传导的力度，从而影响教育效果。高校思想政治课具有鲜明的政治意识形态教化功能，要求每一位高等院校教师都应该树立政治信仰，坚定政治信念，具备较高的政治素质，学懂弄通政治理论，将政治性放在首位。然而，当前很多高等院校教师忽视了思想政治课的政治属性，没能认识到思想政治课是对高等院校生价值引领、人格塑造的关键力量。

作者经过调查了解到，出现上述问题的原因之一在于高等院校思想政治课教师工作任务繁重。经分析，很多高等院校的教师认为他们发展的主要瓶颈，是大量的时间耗费在应对学校检查上。这也是很多高等院校教师在教学工作中感到最苦恼的事情，他们觉得自主时间较少，学习时间不够，学校琐事工作太多，影响教学工作，导致其没有充足的时间和精力投入到教学工作中去。

马克思对精神生活的重要论述中就强调，只有精神生活的自由发展才是全面的发展，因此，高等院校思想政治课教师要不断丰富精神生活。此外，近年来，国家积极倡导为高等院校教师减负，大幅精简文件和会议，但落实成效欠佳。这都是高等院校思想政治课教师发展主动性不足的影响因素。

（三）大学生对思政课程价值的认识存在误区

大学生对高校思政课程价值的认识存在误区，是造成部分大学生不太认同此课程的内在原因和根本原因，而造成他们产生错误认识的原因又是多方面的，主要表现在以下三个方面。

1. 大学生的心智和能力有待提高

高校思政课程是一门综合性、理论性、思辨性较强的，强调自主分析问题、解决问题能力的学科，它需要大学生具备比较完善的知识结构、较强的辩证思维和逻辑分析能力、拥有一定的社会阅历和较强的心理素质。而当代大学生的以上能力因种种不良因素的影响有待提高：其一，大部分大学生来自独生子女家庭，从小学到高中生活上都由父母精心安排，学习上有学校、老师给予教科书式的计划，这在一定程度上造成了他们的心智不够成熟，自主学习能力和学习的主动性欠缺，分析、认识和判断新事物的能力匮乏；其二，中学阶段的他们为了顺利升学，而把绝大部分时间用在学习上，致使他们很少接触社会，造成其生活阅历较浅；其三，由于中高考制度的弊端，使得他们专业课的学习几乎占据着全部的学习时间，而很少去学习其他方面的知识，从而造成他们的知识结构不够完善；等等。以上因素容易使部分大学生觉得此课程抽象难懂，而失去学习的兴趣和动力，长此以往，就会使他们因体验不到这门课的作用而对其价值形成错误的认识。

2. 对高校思政课程性质的认识有待强化

高校思政课程不仅是知识课程，也是能力提升和理念培养的课程，它旨在引导大学生通过相关知识和理论的学习，传授给他们科学的世界观和方法论，培养他们分析问题和解决问题的能力，同时帮助他们树立远大的奋斗目标，增强他们的求知欲望。然而现实中却有部分大学生认为此课程过于空洞、脱离社会，对自身未来的发展没有太大帮助。这些错误的认知在一定程度上制约着他们对此课程性质的准确理解，影响着他们对此课程价值的认识和判断。

3. 不良环境的冲击

一方面，不良社会现象和网络的负面影响。当前我国市场经济在不断推进和快速发展，但其相关法律法规却比较滞后和不完善，使得社会上出现了诸如贫富差距加大等不良现象；网络具有双面性，尤其是对于作为新一代"弄潮儿"，而正确的价值观念和较强的价值判断能力又尚未形成的大学生说更是如此。这些不良现象与此课程的许多观点是背道而驰的，这就使得处于正确"三观"形成时期的大学生，错误地认为该课程是不可信和无用的，从而对此课程的价值产生错误的认识。另一方面，功利主义的侵蚀。随着我国改革开放水平的不断提高、经济全球化的进一步加强等，使一些不良思想和观念侵蚀着大学生的思想，误导着大学生的价值取向，使得部分大学生逐渐形成了实用主义的判断标准和功利主义的价值取向。再加上，我国严峻的就业形势和用人单位片面强调专业技能，而忽视思想道德素质的用人标准，使部分大学生把关注自身未来生存状态，和如何更好地就业放在首位。他们判断一门课程是否有用的标准是能否为自身未来的就业增添筹码，在他们看来此课程是属于不能直接为他们未来就业服务的课程，是无用的。

（四）高校思想政治教育机制有待完善

健全且良好的机制是高校思想政治教育工作达到最佳成效的保障，可见健全的机制对于高校思政工作的重要意义。

1. 高校思想政治教育课程机制不完善

高校思政理论课发挥了极大的教育作用。但据调查，部分高校对于教材的更新和最新政策、最新会议精神传达不是很及时，这就造成了思想政治教育内容，以及会议精神内容传达的延时。作为思想政治教育的"主渠道"，高校思政理论课务必及时将马克思主义中国化的最新理论成果加入教材、贯穿课堂并扎根于学生心中。

2. 高校思政队伍考核机制不健全

高校思政教师是对大学生进行思想政治教育的主力军，因此务必要完善对思政教师工作内容和教育成效的考核机制，才能敦促其更好地开展教学和提升自身水平。目前，高校对于思想政治教师的考核重点依然是科研项目，以及论文发表数量等学术方面的内容，而真正作为思政教师核心工作内容的育人成效考核，以及自身思想素质、知识理论水平的考核却没有明确的制度规定。而且，高校协同育人机制不完善。当前高校思政教育队伍的主要力量来自于思政教师，以及辅导员老师队伍，并未做到全员育人，协同育人机制流于形式而未能确切落实，高校教育教学与思政教育的衔接度和配合度不高，无法凸显出高校思想政治教育在高校育人工作的重要地位。

3. 思想政治教育网络化机制不健全

作为时代背景下的新产物，网络以其便捷、迅速和高效的教育特点，成为思想政治教育的重要载体，不仅能够延长教学过程，同时增强了教学效果。但在运用和监管过程中缺乏相关机制。一方面，从调查结果来看，一半的大学生对于学校是否开设网络思想政治教育平台并不明确，可见高校思政教育对于网络的运用机制及管理机制并没有深入到学生心中，网络思政教育平台形同虚设，对其的运用和管理流于形式，而非充分发挥其促进教育成效的作用，学生的认可度和接受度相对较弱；另一方面，习近平总书记关于意识形态工作的重要论述中的网络论述，强调了网络对意识形态工作和建设的重要性，对于高校思想政治教育而言更应该关注到网络的正负影响，在利用好网络的同时，也要注重完善高校网络防御机制和舆情预警机制。目前，高校对于校园网络的监管也没有形成成套、合理且科学的监管机制，对于校园网络疏于管理。在2020年疫情防控期间，各类高校大规模地运用了网络教学平台进行线上教育，但不免看出各级、各类高校在将网络运用于教学时的仓促和生疏，可见高校在日常当中并未建立健全网络化教学体制机制。

（五）高校思想政治教育环境需净化

1. 社会环境

从社会方面来看，一方面，改革开放的深入及全球化趋势的不可逆转，致使众多所谓的自由、民主思想涌入我国。同时，改革开放的不断深入也造成了我国利益格局的嬗变。使得高校大学生的逐利性更强烈，在"三观"还未健全的阶段受到如此影响，使其对思想政治教育的内容产生

新时代背景下高校思政育人体系路径探索

疑惑，呈现出理想信念模糊的状态，严重妨碍了高校思想政治教育的顺利推进。另一方面，不良社会风气、道德失衡的现象和因素对思想政治教育发出了巨大挑战。随着社会的不断进步和发展，人们的思想也随之出现了潜移默化的改变，社会各方面因素的嬗变导致人们的思想问题也日益凸显，给思想政治教育带来了巨大阻力。社会中诸如此类的不良思想和行为，与高校所开展的思想政治教育内容形成鲜明的对比，严重干扰了学生的认知，造成学生对于思想政治教育内容与现实情况的矛盾化心理，对思政教育内容和德育内容产生疑惑，给高校思想政治教育工作的开展严重设障。

2. 校园环境

从校园方面来看，在高校学生的学风，以及学生工作的作风上存在影响思想政治教育的消极因素。近年来，大学生在学习中也表现了强烈的功利心，如个别高校学生为了获得评奖、评优等荣誉称号，学术造假，给高校的学风造成了极大的负面影响。此外，部分学生干部工作作风也受功利主义、个人主义，以及社会家庭环境的影响，缺乏服务意识，丢失了作为党员和学生代表的理想信念，影响了学生干部队伍整体建设，间接影响着高校思政教育工作的开展。

3. 家庭环境

从家庭方面来看，一方面，个别学生的家庭成员的错误政治站位和思想意识会直接冲击到学生的思想，对高校思政教育工作的顺利推进提出考验。这对高校思政教育而言无疑是巨大的挑战。另一方面，个别家庭成员的一些非科学的行为也会对大学生的思想产生影响。如家庭成员定期参加或举办一些封建迷信的非科学活动，让学生产生思政学习内容和生活现实相矛盾的心理，极大地冲击着学生的思想，这对高校思政教育而言无疑是巨大的挑战。

二、存在问题的原因

（一）社会层面原因

1. 全球化、网络化的影响

毫无疑问，全球化、网络化是推动人类社会整体进步的重要力量，但也必然带来一些负面问题。那么，应该如何看待全球化、网络化发展对我国高等学校意识形态教育的影响呢？对此，我们应该对这一问题保持两个认知，一是客观认识全球化、网络化发展是不可逆的历史进程；二是理性接受全球化、网络化发展对我国高等学校思政教育的冲击。

全球化、网络化教育带来了有利条件，国外的教育模式、教育方法，可作为对比的教育资源供国内教育参考。但事实上，全球化、网络化意味着教育大门的开放，伴随着"胡萝卜"而来的，还有一些对高等学校思政教育具有严重消极影响的意识形态"大棒"。严谨地看，我国的发展选择决定了对外开放政策，决定了我国教育不可避免地受到域外思潮的影响，全球化、网络化发展具有渠道功用。因此，我们必须用辩证唯物主义的精神清醒地认识全球化、网络化对我国高等学校思政教育的作用。

全球化、网络化发展是客观历史进程。每一生产方式的革命及其成为社会决定性生产方式的出现，都决定着人类社会形态、性质的变迁。刀耕火种的生产方式是原始社会存在的基础，铁犁牛耕孕育封建社会的漫长历史，机器轰鸣的现代生产孕育资本主义文明，以网络为载体的人类社会新发展，是社会发展客观规律向前演进的结果。

伴随着我国全方位的和平崛起，我国在国际事务中扮演着越来越重要的作用，正日益走进世界舞台的中央，成为全球化的有力推动者和拥护者，是逆全球化、各种保护主义的重要反对力量，这些都是历史的智慧和经验在今天的实践中的再现，只不过这一次中国不是被迫加入，而是有力主导。基于此，全球化、网络化发展是我国力主的国际发展理念，更是趋历史之大潮的必然选择。

2. 新时代思想政治工作环境新挑战的影响

思想政治教育工作环境，对高校学生的思想品德的形成有着不可估量的影响。当前，我国处于经济转型的关键期，全球信息网络化加速推进，新时代思想政治工作环境面临不少新的情况，这也为现如今高校思想政治教育提出了一个前所未有的挑战和机遇。《关于加强和改进大学生思想政治教育的意见》[①]中强调为开展大学生思想政治教育工作创造优异的社会环境，这不仅包括外部的环境，同时也有内部环境的作用。所谓外部环境，不仅包括家庭、学校，最重要的是社会环境。随着社会的快速发展、网络信息技术的迅速覆盖，使思想政治教育的外部环境变得更加复杂和特殊化。高校学生在校期间，能随时从网络信息中心接触到各种各样的信息，这些信息良莠不齐，尤其是一些拜金主义、享受主义等严重地阻碍了学生形成正确的世界观、人生观和价值观。所谓内部环境，最主要的就是高校在思想政治教育工作中运用的教育形式、途径和方法等。网络信息时代的思想政治

---

① 中共中央、国务院.关于加强和改进大学生思想政治教育的意见.2004

新时代背景下高校思政育人体系路径探索

课从教学手段和教学内容上有均有显著的改变。传统的课堂教学模式无法激起学生们的学习兴趣，反而令其产生逆反心理，十分影响思想政治课的教学效果；新的教育手段必须要借助于强大的网络信息，但是网络具备民主性的特点，这对于思想政治工作者来说挑战比较大。开放的网络环境可以在教学过程中使思想政治教育课变得共享、开放、方便，学生不仅可以利用网络迅速获取所要学的知识，也能拓宽自己的眼界，增强学习的动力。同时，这也给高校的思想政治工作带来了很大的难度。网络这一多元化的学习方式，逐渐削弱了教师的主导地位，思想教育工作者也必须要及时更新网络知识，否则将很难满足新时代思想政治教育的发展。

（二）学校层面原因

1. 理论教育不能满足学生的期待和成长需要

在部分高校里，担任辅导员和思想政治理论课的人是同一个人，导致教师工作量很大，不能顾及学生的思想政治教育，教师更多地关注学生学业的发展而忽视了自身思想道德素质的培养。部分教师因教学内容繁重，在教学过程中用单一的教学方法，导致思想政治教育课内容过于空洞，打消了学生们的学习积极性，并且把理论与实践脱节，无法统一学校和社会的共同教育。高校的学生更注重实践和动手能力，历年来高校的思想政治教育者始终遵循显性教育的教学方式，按照学校制订的教学进度有规定、有计划地传授思想政治理论知识。但这种教学方式往往忽视了学生的主观能动性，只注重道德规范，大多通过书本，课堂教学等载体进行教育，理论性较强，忽略了受教育者的人文关怀。党的十八大报告中强调加强和改进思想政治教育工作的前提是要注重人文关怀，这就要求高校中的思想政治教育工作者要把学生放在学习的主导地位，与学生多互动交流，利用先进的科学技术，让学生打破传统教育学的模式，更新教育观念，转变教学模式，用实践将思想政治教育上升到更加有高度的认识中，这就是我们倡导高校对学生进行思想政治教育时使用的隐性教育的方式，这种教育方式善于把思想政治教育同社会实践结合起来，融会贯通，对学生进行启发，暗示，熏陶。这种无形的方式具有开放式的特点，空间不受限制，更加灵活。

2. 思想政治教育体系有待完善

高校思想政治教育体系的构建需要参考很多个标准，不但要符合教学大纲的要求，还要符合社会人才的具体需要。因此在教育理念的确立过程中，就会面临很多种问题。高校的学生寄宿在学校，教育工作者不但要做好学生的教师，为他们解决学习上带来的困难，更要做好他们的"父母"，解决其心理和情感问题，因此教育体系的确立需要以人为本，真正关系到学生的方方面面，关注学生在学习和生活方面的需求。现阶段的教育体系，对教育工作者也做出了明确的需求。在完成课堂要求的条件下，关注学生的私人情况，多对学生进行积极健康的引导。但是这样的教育体系也增加了教育工作者的工作难度，加大了他们肩膀上的责任。对于长久发展来说，这种教育体系并不适应所有的院校。高校思想政治教育体系仍然有很多问题需要解决，需要教育部门和社会的共同监督与全力支持来促进学校的改革进程。当前高校思想政治教育首先需要解决的是组织体系和内容体系，要通过一些创新的方法手段，组织学生进行系统的学习，提升其思想政治觉悟。

3. 高校思想政治教育工作者不适应

当前互联网已经广泛运用于高等院校，高校教育工作者应当随着互联网技术的发展产生实质性的改变。然而，高校思想政治教育工作者在"互联网+"时代，并没有从一开始就做到因时而变，随事而制，而是经历了一个长期被动地接受过程，主要表现在以下三个方面。

（1）思政教育工作者缺乏互联网思维

传统的高校思想政治教育过程中，教育者通常采用封闭、被动型的思维。但随着互联网的迅猛发展，各类互联网信息平台"各显神通"。在这个全面开放共享的时代，部分高校思想政治教育工作者跟不上形势，在初期始终无法接受"互联网+"时代教育理念已然发生改变的事实，缺乏现代互联网思维，甚至在教学中仍旧采用过去传统的教育理念。

（2）思政教育工作者缺乏信息筛选能力

当前互联网信息平台中的信息资源鱼龙混杂，而高校思想政治教育工作者的筛选能力受自身知识水平的限制，互联网信息平台中的"暴力信息""诈骗信息"，以及消极信息等让许多教育工作者对互联网产生了消极情绪。

（3）思政教育工作者缺乏利用互联网的能力

比如有的老教师不能充分利用互联网获取教学信息，不会用互联网信息平台进行教学资源的编辑整合，也不能熟练运用互联网信息平台进行思想政治网上教育。同时不少思想政治教育工作者不了解新时代的网上语言，无法与大学生形成互动和共鸣。

（三）学生层面原因

1. 大学生自身存在局限

目前，高校大学生通过互联网信息平台进行聊天、娱乐和学习的时间越来越长，但能够熟练运用互联网信息平台进行学习的却并不多。互联网的开放性、共享性等特点给大学生获取思想政治的相关内容带来了便利，同时也给大学生之间、大学生与教师之间平等的思想交流提供了便捷的渠道。然而，正是基于互联网开放、自由的特点，使得大学生在没人监管的情况下，并不能合理利用互联网信息平台进行思想政治教育课程的学习，其原因有两个方面。

（1）大学生的自控能力较弱

当前的大学生处在互联网繁荣的时代，无论是学习、交流、娱乐、购物还是出行都离不开互联网，使他们脱离了管控。但是，大学生自控能力弱，易沉迷网络，导致其越来越依赖互联网，上网时长逐年增长，未来还有继续增长的可能。

（2）大学生道德法律意识薄弱

互联网的开放性和共享性使信息的发表和获取变得十分容易，表现出"无屏障性"的特点。同时互联网信息平台给大学生提供了一个有匿名功能的虚拟空间，大学生可以隐藏自己的真实名字在平台中进行学习和信息的发表，他们可以不用在意他人的看法和评价。但是由于缺乏相关法律规范，大学生不认为自己的造谣行为要承担相应的法律责任，所以在微博、微信、公众号等平台中发表自己的观点和意见时，大学生受到其他思想的影响，也跟风的发布一些不实的消息，带来的严重后果是其无法预料的。

2. 思想动态的多样性

在高校中，生源主要来自三个方面。一是参加高考入学的高中生，他们文化基础比较薄弱，但是他们也经过了高中阶段的学习，并且接受了普通高中的教育。二是单独招生的普通高中生，这些学生文化基础更加薄弱，通常是在高中阶段成绩较差的学生，他们对参加高考信心不足，只能通过高校的单独招生考试进入到学校里。这些学生觉得自己与普通参加高考的学生没有差别，实际上他们无论是在文化课和思想意识上都落后很多。三是没接受过高中教育的中专生，这类学生在初中阶段就不爱学习，学习态度比较差。这样的复杂和多元的生源，除了在文化方面有差别，在自我控制力上也参差不齐。这种生源的多样性，导致了学生思想政治动态的多样性。目前中国正处于社会转型期，经济全球化，网络信息的迅速发展，促进了人的思想观念的不断进步，同时也引发了利己主义、拜金主义、享乐主义的思潮，以及历史虚无主义等思潮阻碍了大学生树立正确的世界观和人生观，同时使得高校思想政治教育工作面临着极大的挑战。思想动态的多样性需要辅导员或者是思想理论课的老师，不仅要从表面上灌输思想政治对他们未来的作用和影响，同时要更深层的关注他们的思想动态，从学习和生活两方面同时着手，这也给思想政治教育工作者的工作提升了难度。

3. 网络资源的依赖性和生活缺乏独立性

网络对于"00"后高校学生的负面影响偏大。这种依赖于电子产品沟通的现象，严重影响到他们生活中的交际能力。当今是一个经济繁荣，物质条件优越的时代，学生的思想观念和价值观都呈现出多样化的状态。高校学生心理尚未成熟，他们消费观念超前，但抗挫能力不强，存在价值观混乱的情况。加上高校大学生在家中受到过度保护，严重缺乏独立意识，缺乏生活阅历，不能够脚踏实地的学习，在这种负面思想的影响下，学生对自身能力产生怀疑，甚至出现自卑心理。

第三节　大学生思想政治教育的现状

高校思想政治教学是立德树人的主要途径，思政教学的有效实施和践行直接影响到德育目标的完成，和马克思主义理论教育任务的完成。

随着社会的进步、文化的时代性进展、信息的国际化，不同国家、民族之间日益增多的交流与融合造成了多元思想冲击的局面。这在某种程度上，导致高校学生出现道德观、政治观与价值观错位，给高校思政课教学带来了前所未有的困扰与挑战，从而影响了高校思政课教学的实效性。再者，因为教学内容理论性强，缺乏主动等多种原因，致使课堂上经常出现学生玩手机、睡觉、处理私事等行为。目前，高校思政教学正处于融入中华传统文化的尝试阶段，但仍有不少高校思政教师并未采取此举措。

教育改革、教育创新一直是教育工作者的职责和使命。在中国特色社会主义进入新时代的今天，思想政治教学中的很多问题也开始慢慢暴露出来。不只是时代与外部发展变革给思想政治教学带来的新的影响，思想政治教学自身也存在一些矛盾。只有矛盾凸显，问题暴露，在问题的解决中我们才能实现新的完善和进步。

新时代背景下高校思政育人体系路径探索

一、大学生思想政治教育面临的形势

（一）国际形势

首先，经济全球化的发展使世界各国的政治、经济和文化都能够进行深入的交流，拉近了彼此的距离，将世界变成了一个能够相互联系和影响的整体。但是，东方国家和西方国家还是存在一定的差异性，这种差异性包含在许多方面，无论是在意识形态方面还是在物质方面，都体现出了一定的区别。

其次，伴随着科技的高速发展与进步。文化传播的速度日新月异，同时新兴的网络媒体与自媒体也让文化传播的渠道变得更加广泛与便捷。科技的进步让世界各国之间的联系更加紧密，文化的开放程度不可避免地让西方的文化和价值观潮水般地涌入国内，与国内传统文化与价值观进行激烈的碰撞，对高校大学生价值观的形成产生了或多或少的直接或者间接的影响。而且新时代高校大学生作为互联网下成长起来的高校大学生，其对文化与价值观念的接受范围也更加广泛，时刻面对文化之间碰撞带来的困惑，比较容易受到各种不良文化和思想观念的影响。

（二）国内形势

1. 市场经济体制发生转变

高校大学生的思想政治教育工作在一定程度上，是与某些经济基础相匹配的意识形态的工作。近年来，我国经济水平不断提升，社会经济体制发生了较大转变，意识也发生了很大的变化。价值观念的冲击，对高校大学生起到了较大的影响，学生对品德教育的重视程度，普遍低于对知识技能的认识程度，学生在学习中很难提升积极性，这成为高校思想政治教育的一个挑战。

2. 科技发展变化带来影响

随着社会经济的不断提升，信息技术飞速发展，为人们的生活提供了较多的便利，随之而来的是大量的信息传递。网络的发展让信息传递更加迅速，范围更加广泛。在这样的背景下，高校大学生的思想政治教育得到了更好的技术支持，知识的获得变得更加快捷。与此同时，庞大的信息量也容易使辨别是非能力较低的学生误入歧途，因此，提高学生素养势在必行。

3. 国家教育方针开始转向素质教育

我国的国家教育方针开始转向学生的素质教育，这对高校大学生的思想政治教育带来了两方面的影响：一方面，为我们的教育提供了更多的空间和综合素质教育，促进了教师教学水平的提升；而另一方面，带来的是更加多元化的背景，各类教育目标罗列在教师的面前，教师需要不断地提升自己的教学素养，并且需要去正确地区分轻重缓急，进行学生的教育，这对我们的教育来说增加了一定的难度，提出了较大的挑战。

4. 教育工作体系存在问题

在高校思想政治教育的实施过程中，教育工作体系对提升教育效果提出了一定的挑战。思想政治教育要面对的是学校以及教师等方面的教学思想认识和素养等方面的问题，这些也是当前我国高校教育中的弱势所在，对我国的教育起到了一定的阻碍作用。在日常的教育中要重视这样的教育挑战，将挑战转变为机遇，对弱势的教育问题有的放矢，积极扭转困境，从而对学生的学习效果提升起到促进的作用。

二、新时期高校思政教育存在的矛盾

（一）教育模式比较落后

习近平总书记关于意识形态工作的重要论述是在不断总结我国历届领导集体关于意识形态重要论述的基础上，结合我国实际国情与时代背景的新时代思想产物，充分体现了极具时代特色的创新性和与时俱进的特征。这样的时代性特征于高校而言应体现在教育模式的与时俱进上。一方面，网络已经成为意识形态斗争的重要战场。大学生作为时代先锋产品的追随者，必然会受到网络信息的干扰和迷惑。在这样的现实背景下，已有不少高校响应时代的要求，建立起网络思想政治教育平台。但仍然有部分高校疏于网络思想政治教育平台的建设和发展，甚至有部分高校并未感悟到网络教育的重要意义、没能触及该领域，依旧保持传统的高校思政课堂讲授教学模式，教育模式呈现老化，无法吸引学生的注意力、激发出学生对思想政治相关内容的学习兴趣。对此，高校应及时反映时代的要求，进化其教学模式。另一方面，目前高校思想政治教育课程内容相对独立，思政教育模式还未健全，未能全方位地将思想政治教育的相关理论渗透入高校教育教学过程当中。

（二）教学主体发生转变

我国思想政治教学的主体现今正处于变革的过程之中。尊师重道是我国教育

新时代背景下高校思政育人体系路径探索

的传统形式,从我国古代延续至今的传统观念,决定了思想政治教师的地位与学生的地位不平等的特点。在新时代的教育和社会新的要求促使下,我国逐步由思想政治教师主体向学生主体转变。思想政治教师如何开展教学,如何认识学生、对待学生,都要体现学生的主体性原则。学生不仅仅应该是学习的受体,更应该作为发挥主观能动性的主体。在思想政治教学积极倡导以学生为主体的大背景下,各学校积极开发新的教学模式,以改革取代旧的思想政治教师主导的教学模式。翻转高校思政课堂、微课教学、慕课教学等都得到了积极地运用。这其中就存在一个"度"的问题。思想政治教学内容的特性、教学科目的特点、学生年龄的特点、学习能力等决定了应该使其有针对性地进行改进式发展,而不应该盲目仓促开展新的教学模式。

(三) 教育内容落后

习近平总书记关于意识形态工作的重要论述彰显了时代化的特质。对于高校而言,时代化是思想政治教育的内在要求。高校面向学生讲授马克思主义理论,以及马克思主义中国化的内容,这些内容是马克思主义理论在中国时代化背景下的产物,彰显了强烈的时代特性。然而,从教育实践来看,高校思想政治教育在内容上并未真正满足时代要求。尽管当前大多数的高校能够及时传达重大会议精神并及时更新思想政治教材内容,但仍然有部分高校忽视这一工作,导致思想政治教育内容依然是陈旧的理论,没有体现出时代化的特点,致使学生缺乏对国家新政策及会议精神的正确认识。高校思想政治教师应具有较强的政治敏锐性和觉悟性,要将时政内容合理地融入课堂,激发学生的学习热情,提升思政教育效果。

(四) 教学形式缺乏新意

教学内容的切实贯彻、教学任务的完成,需要一定形式的高校思政课堂或者其他教学方法来实现。近年来学校教育开始注重以学生为主体,高校思政课堂形式的重心开始向以学生交流谈论为主偏移。为激发学生学习动机,学校开始用一些奖品、积分等激起学生的积极状态,期望以此来激励学生认真学习知识、提高能力。其中活动式教学法作为一个比较新的教学方式,得到了很多学校的推崇。但事实上对于活动式教学也是需要注意"度"的疑难问题。活动是激发学生兴趣,引发学生独立动手实践完成任务的好方式,可是如果在高校思政课堂活动中滥用,往往本末倒置,引起负面效果。比如在政治课程中,新教材中插入了法治方面大部分内容,对于这一教学内容,高校思政课堂开展活动往往采取一些新形式的情景剧与图片等。这显然不适用于普及严肃理性的法治知识、引发法治意识和观念发展。因此对于教学形式的转变中对于教学内容、教学阶段的针对性问题还需进一步完善。关于用活动等新颖形式激发学生学习动机的问题也需要进一步探讨。

（五）思政课堂范围狭隘

思想政治教学不同于其余学科的学习，它有明确核心理念的教学内容，是对相关思想内容的强化和灌输。因而很多高校的思政课堂中经常会出现设计性过强，范围过窄的问题。21世纪不可避免的全球化影响改变了包括教育在内的人类生活的方方面面。我们受到多元文化与知识的影响越来越大，对于思想政治教学的生成性问题应该有一个更合理的态度。

三、高校思想政治教育面临的局限性

当前高校思想政治教育所面临的问题，既包括总体发展方向上的宏观问题，也包括微观建设上的方方面面。只有全面地认清学科在科学化进程中所面临的问题，并不断对已经不适应现实情况的制度和理论予以否定，对前沿理论加以规范和创新，高校思想政治教育学科才能始终具有科学性和实效性。

（一）学科建制水平和质量存在不足

1. 学理建制系统化水平较低

高校思想政治课程的内容已经基本形成，但学理建制尚不完善，没有清晰的知识体系。高校思想政治教育规律可大致分为宏观规律（产生和发展规律）、中观规律（管理规律、工作规律和过程规律）、微观规律（教育规律和接受规律）三个层次，全面把握各方面的规律并加以合理运用，对于促进高校思想政治教育的良性发展具有不可替代的作用。但当前对高校思政教育知识体系的研究还不够深入，缺少对教育规律的研究和应用，三个层次之间也少有联系。另外，思想政治理论系统缺乏开放性。所谓系统的开放性，是指系统内部诸要素能与外界进行信息的交流和互换。高校思想政治教育是一个复合概念，无论是在学术研究还是实际应用中都不可避免地与教育学、社会学等其他领域发生联系，与这些相关领域的理论前沿取得交流十分必要。但目前，这两方面问题还未取得实质性的进展。

2. 社会建制程度有待发展

一方面，高校思想政治教育机构设置缺乏整体性，主要表现为高校思想政治教育的理论研究系统和实际工作系统之间缺乏互动与交流。中国思想政治研究会是中宣部领导组织和促进思想政治工作研究的全国性社团法人，政研会的主要职

能在于组织思想政治教育理论研究和应用，基于这一职能，各子系统之间应紧密团结在政研会周围，并积极加强交流和互动。然而，高校思想政治教育发展的时间不长，两大系统之间没有形成完善的交流和互动机制，存在着各自为政的状况，阻碍了高校思想政治教育理论研究的深化，影响了实际工作的有效开展。加强两大系统之间的联系，能够推进高校思想政治教育积极发展，同时对增强高校思想政治课堂的实效，具有重大意义。

另一方面，高校思想政治教育制度建设需要进一步加强。首先，尽管已经确立了基本制度，但高校思想政治教育制度体系的完整性和内容的准确性仍然有待提升。举例来说，关于对各高校国际交流生和国内交换生的思想政治教育制度至今空缺，1995年，我国获准成为"国际学生交流计划"的成员国之一，每年可与世界各地60多个国家和地区高校进行人才方面的交流学习。此外，我国于2009年成立了"九校联盟"，国内九所985高校的学生可以申请互相交换学习。这些交换、交流学生也属于高校思想政治教育的受教育者，但对于他们的思想政治教育，一直没有找到合理的制度参照。其次，高校思想政治教育执行力度相对薄弱。在大学或者研究生时期，学生的学习任务十分繁重，他们面临的不仅仅是某个专业的知识，还要应付各种水平考试还有学生面临着就业的压力，很多事情自然不能兼顾。有的学生在高校思政课堂上"做自己的事情"，再在考试前"突击背诵"考试重点。面对这种情况，思想政治教师也只好放松对学生的要求，降低考试的难度。

（二）教育主体科学认知不足

1. 高校思政教师队伍建设有待优化

一方面，高校思想政治教育队伍的结构需要进一步的调整和优化。这里的结构既包括教育主体的年龄结构，也包括教育主体的专业结构。就年龄结构而言，当前高校思想政治教育主体的年龄呈现多层次的趋势，不同年龄段的教育者各有各的优势。青年教育者对待工作积极性较高，具备创新思维，与学生年龄差小，相处融洽；中年教育者熟练强干，思维成熟，完成工作的效率较高；年龄较大的思想政治教师德高望重，具有深厚的学术底蕴，在学术研究和人才培养过程中更是不可或缺。但目前在高校中，各年龄段教育主体间分工不明确，教育者的年龄优势得不到最大的发挥。就专业结构而言，高校思想政治课程具有较强的综合性和应用性，所以思政教师在教学指导过程中，不仅要向学生传授理论知识，更要通过科学有效的手段，对学生的价值观、道德规范加以正向影响，做到德育和智育相统一。当前，智育与德育队伍建设有失平衡。作为德育工作的重要内容，对心理健康教育的队伍建设不容忽视，提高对德育队伍建设的关注度，其重要性不言而喻。

另一方面，教育主体的综合素质有待提高。当前高校思想政治教育者的准入要求已相当严格，若论及专业知识水平，绝大多数教育者都是领域内的翘楚，是高学历、高素质的人才。但涉及高校思政课堂教学，则是另一门艺术。所以，一般所说的教育主体的综合素质，不仅包括教师的专业知识和技能水平，还包括语言表达能力、组织管理能力、课程设计与开发能力等。当前，一部分教育者在从事技能方面理论有余，实践不足。因此，提升教育主体的综合素质，显得尤为重要和紧迫。

2. 高校学生队伍建设存在的问题

一方面，部分高校学生的价值观念不明确。"95后""00后"是一个极具时代感的特殊群体，他们生于和平、发展的时代环境，不必接受战争和贫穷的洗礼，同时又面临着全球化浪潮的冲击和无法避免的多元文化带来的影响。总体来说，"95后""00后"高校学生的主流意识形态是积极向上的，并带有鲜明的个性色彩。但价值观念现实化、功利化仍然是这一群体不可避免的通病。此外，部分高校学生还存在着诚信观念和合作意识缺失等问题。这些问题要是得不到及时解决，对我国未来新一代青年的发展，甚至对社会发展都会造成十分严重的负面影响。

另一方面，部分高校学生的某些道德行为有失偏颇。道德行为受道德认知、道德情感和道德意志的调控，如果受教育主体的价值观念影响出现问题，错误的道德行为就很难避免，加上新媒体的开放性使信息传播的速度大为增加，高校学生的道德意志受到了前所未有的影响。要解决此类问题，就要对学生进行道德教育，来树立学生积极正向的道德认知与道德情感，形成"正能量"，从而坚定学生的道德意志，改善学生的道德行为。

3. 主体之间缺乏互动和交流

一方面，教育主体与受教育主体共处的时间、空间有限。近年来，随着高校不断扩招，高校大学生和高校教师比例随之缩小。身为公共课思想政治教师，各高校马克思主义学院的思想政治理论课教育者要面对的是全校学生。思想政治教师无法兼顾到每一位学生，其与学生的交集几乎仅限于思想政治理论高校思政课堂。在有限的时间内要顾及的学生越来越多，分配给每位学生的平均时间也就越来越少。

另一方面，主体之间呈单向授受状态。当前，绝大多数高校思政课堂均采用讲授式教学法，这种方法虽然能将知识体系较为全面地展现给学生，呈现出知识的完整性和系统性，但却忽略了学生的主体地位，也没有考虑到学生对知识的接收程度，错误地将学生置于被动接受的一方。无视学生学习的能动性而一味地讲授，会使其学习的积极性大打折扣，从而降低思想政治理论课的实效性。尽管在新媒体时代，部分思想政治教师已经意识到此问题，并辅之以多媒体手段教学，使思想政治理论课的趣味性得以增加，但仍旧没有摆脱高校思政课堂教学单向授受的状态。只有改进高校思政课堂教学方式，注重对学生学习积极性的启发和引导，才能从根本上解决这一问题。

（三）学术研究重理论、轻实践

虽然学术研究与行动研究不能混为一谈，但二者绝不是对立的。一般情况下，高校思想政治教育的学术研究者也是行动实施者，行动研究与学术研究的结合是高校思想政治教育研究方法科学化的前提条件。单方面重视行动研究而忽视学术研究，会使实际行动缺乏理论基础，降低行动的实效性。反之则会使学术研究脱离实际情况，理论的科学性也会随之大打折扣。当前我们面临的现状是后者。尽管高校思想政治教育处于专业化发展的新时期，但思想政治教育的学术研究方法仍停留在重理论、轻实践的阶段。理论研究者一味重视其知识体系构建，导致其不能很好地将理论与实际行动结合在一起。

（四）缺少对教育评价体系建设的反思

1. 评价结果缺乏数据统计

评价指标的多样性导致了评价结果的多重性，每一种评价结果都能够反映高校思政课堂教学中存在的某方面问题。但未经数据化的评价结果是不具有科学性的，无法加以系统梳理和概括。举例来说，期末考试中，在试卷具有良好的信度、效度和区分度的前提下，计算不同分数区间内，学生数占学生总数的比例，能够更清晰地反映高校思政课堂教学的有效性，为日后教学计划的制订提供参考。如果不这样做，仅仅通过试卷评阅得出每一个学生的分数成绩，那么教学评价的结果则是不全面的。

2. 高校缺乏教学评价的激励机制

无论教育者还是受教育者，都需要激励机制去调控教学过程的能动性。当然，我们并不否定教育者的职业道德，但客观上讲，激励制度与教学效率之间必然成正比关系。如果将思想政治教师的考核评估体系与教学评价结果相关联，评价结果较好的思想政治教师就能够在物质上和精神上都得到肯定，教学评价结果的利用效率将会大幅提升，数据化了的教学评价现象才能得到反馈，用以参考今后的教学实践活动。

四、教学内容和目标脱离实际

高校思想政治教育大多拘泥于纯理论操作和空洞的说教，只是简单沿袭思想政治教育的教学传统，以培养纯粹理想化的德育模范为目标，教学中也只是片面地注重整体性，对学生的差异性和实际生活关心较少，造成教学与生活的脱离，难以引起学生的共鸣。况且培养完美的道德模范本来就不太现实。此外，教师的教学手段相对单一，教学思想相对陈旧，自身在教学实践中也缺乏应有的激情，对于新时代大学生对思想政治的诉求的关心和理解不够，这样不仅弱化了思想政治教育的功能，而且容易令高校在校生对思想政治教育产生厌烦和抵触心理。在高校思想政治教育课程中，"教"与"学"的整体积极性不高，教学互动也非常少，多数大学生听课的主要动力仅仅是因为老师也许会随堂点名，并且逃课的现象也比较严重。

改革开放以来，物质生活的丰富和享乐主义、拜金主义等价值观的刺激，部分大学生的价值观呈现出一种功利主义倾向。首先，表现在屈服于日后的就业压力上。许多高校以学生高就业率为导向，仅仅重视专业知识和技术的教学，严重忽略了思想政治教育。其次，思想政治教育师资队伍仍然没有形成高水准、专业化，受功利思想的影响，还有一部分教师存在专业能力较差、学术态度不严谨等现象，在教学中缺乏热情，有得过且过、敷衍了事的心态。一些教师只是把教育当成工作来对待，至于这份工作蕴含着的崇高意义和自己所担负的使命都被丢之脑后。

不仅如此，中华传统文化的精髓在高校思想政治教育中长期缺失，是高校思想政治教育中最突出也是最根本的问题。中华传统文化注重美德，尤其是儒家思想，对德育十分重视。孔夫子曾说过"志于道，据于德"[①]，在儒家思想中，"仁"居于核心位置，"仁"是统一"立德"和"立功"两方面的最高道德标准和价值标准。

---

① 孔子《论语·述而篇》

历代儒家大师都继承了重视德育的思想，总有独到的教育思想和见解，这些内容丰富、思想深刻的理论，即使放在瞬息万变的今天也并不过时。相反，对于高校思想政治教育进行创新和发展具有极高的参考和学习价值。

在高校思想政治教育课程中，马克思主义思想政治教育理论不仅是基础，也是教学的核心内容，道德教育的内涵包括马克思主义世界观、价值观、人生观教育，爱国主义教育，公民法律教育等内容。思想道德教育和儒家德育思想有着渊源关系，高校思想道德教育长期处于"边缘"位置，导致儒家思想为代表的优秀传统文化关于道德教育的理论与成果，极少在高校思想政治教育课堂出现，使得高校学生对于传统伦理道德思想长期漠视，忽略了其中的有益成分。高校思想政治教育在进行道德教育实践中，因为不能解放思想，突破无产阶级理论和党建理论的影响，在德育实践中往往以塑造"高大全"式的形象而脱离传统、脱离实际，严重影响了教学目标的实现。在思想道德方面，儒家以"修身、齐家、治国、平天下"[①]为价值取向，追求"天人合一"的理想人格，以"中庸"作为至高的道德和评判标准，重伦理，重礼制，有刚健有为、自强不息、积极进取的"入世精神"和"重义轻利"的价值观；而道家崇尚"道法自然"，强调做事遵循自然规律，人与自然和谐相处……这些又恰恰都是高校思想政治教育中未能充分引入的。当前适逢"国学热"大浪的兴起，和精神文明建设的大繁荣时期，为积极研究、认真审视中华传统文化思想的有益内核，促进高校思想政治教育工作的不断前进提供了有利条件。

---

① 曾子《礼记－大学》

第二章　高校全方位思政育人体系构建

本章的主要内容为高校全方位思政育人体系构建，我们主要介绍了三个方面的内容，依次是高校全方位思政育人体系的概述、高校全方位思政育人体系的现状，以及高校全方位思政育人体系的搭建。期望能够通过讲解，提升大家对相关方面知识的掌握。

第一节　高校全方位思政育人体系的概述

一、思政育人体系的内涵及特征

（一）思政育人理念的提出和形成

高校思政育人理念从提出到发展为育人体系，大致经历了三个阶段。

第一阶段是20世纪90年代在教育系统中广泛使用的"三育人"教育理念，可以说这是思政育人理念产生的起源，它是以"教书育人""管理育人""服务育人"为主要内容和实施路径的大学生育人体系。它强调教师的教学、学校党政干部的领导、以教育管理和学生管理为主体的管理系统，以及保证学校正确运营的服务体系，同属于育人体系。三方面不可分割、相互支撑，体现了系统育人的思想，在时间和形式上得到了有机统一。

第二阶段是继"三育人"后，又提出"四育人"。二者对大学生的教育教学本质是相同的，但"四育人"内容更加丰富、更具有时代发展特征。由于不良环境对教育和学生的影响日益显现，"环境育人"成为学校关注和强调的重点，由此它与"三育人"合并成为"四育人"，并一度成为思想政治教育的主流概念。同时，由于对高等教育社会效能的认识的不断拓展，高校育人体系的结构也在根据青年群体的特殊性而进行逐步的调整与改善，具体表现为高水平学校越来越重视"科研育人"。由此，在不少高校中，"四育人"体系往往是由"科研育人"与"三育人"相加而形成的教育格局。

第三阶段是在随着学校教育研究和实践探索的逐步深入，关于育人体系的认识越来越全面，实践条件越来越好，实践成果就越显现。教育部于2017年12月发布了《高校思想政治工作质量提升工程实施纲要》[①]，将思政格局进一步拓展为"十育人"，要求充分发挥课程、科研、实践、文化、网络、心理、管理、服务、资助、组织等十个方面的育人功能，拓展育人内容、创新育人模式、完善育人机制、优化评价机制、强化实施保障，切实构建"十大育人"体系，并且对实施的内容、载体、渠道和方法进行了规划和设计。从某种程度上来说，可以将"十育人"定义为贯彻落实全国高校思想政治工作会议精神的具体实践方案。

由此可见，高校思政育人的实践演进，在形式上是由"三育人"到"N育人"的逐步扩展。在实质上，反映出整个教育系统内理论和实践工作者，对大学生成长影响因素的认识不断深化；反映出高校随着社会变化发展而对育人要素"结构—关系"的不断重整；反映出国家和社会对高校人才培养水平和培养能力的要求越来越高。

（二）思政育人体系的基本内涵

在传统的思想政治教育中，思想政治理论课教学与思想政治工作经常容易各自为政，形成"两张皮"的现象。思政育人理念的提出就是想要解决这种现象，提高大学生思想政治教育的统一性和实效性。思政育人体现了思想政治教育的实践性和发展性。在思想政治教育工作中，要坚持"以人为本"，使思政育人贯穿于基本课堂课程教学、日常学生生活与课外实践工作中，使学生能够将理论真正地付诸实践，从而实现自由而全面的发展。

"高校大思想政治教育观"是相对传统的思想政治教育观而言的，指的是在进行思想政治教育的过程中，在继承与发展传统思想政治教育优势的基础上，从全局的角度，全员、全过程、全方位地加强大学生思想政治教育工作的总体规模，把大学生日常生活管理与思想政治教育教学有机结合，并形成合力的一种具有创新发展意识的教育模式。

其中，全员育人是指高校所有教职工都负有育人的责任，上至学校领导下到辅导员老师在内的全体教职工形成有机教育系统，统一领导、统一规划，提升大

---

① 教育部. 高校思想政治工作质量提升工程实施纲要. 2017.12

学生的综合素质特别是思想道德素养；全过程育人是指在人才培养的各个环节都担负着育人的任务，从大学生跨进校门开始，一直到毕业为止，根据学生各个发展阶段的不同特性，有计划、有步骤地针对背景多样性、个性化差异，制订多渠道的教育模式，既要对大学生进行政治、法律知识的理论教育，又要对他们进行理想信念、道德标准的信仰教育，既要使学生具有正确的政治观点和法律观念，又要帮助学生树立正确的世界观、人生观和价值观；全方位育人是指充分利用和发挥校内外、课内外、网络内外的各种有效资源育人，充分挖掘和发挥、整合各种思想政治教育资源，形成"处处有德育、人人谈德育"的理想状态。

思政教育的实质是在教育活动中要遵循社会主义市场经济条件，根据大学生的成长发展规律和认知心理特征，对大学生进行国民教育、爱国教育和素质培养，增强思想政治理论课教学的系统性与主动适应性，帮助大学生做到学与行的统一，并在学习、工作、生活中全面提高自身素质，从而提升思想政治教育的实际效果。

（三）高校思政育人理念的优势特征

党的十九大后，中国特色社会主义进入新时代，各大高校如何把握社会主义办学方向，培养真正合格的新时代中国特色社会主义建设接班人成为当务之急。目前，学校的思想政治理论课教学，仍然是高校进行思想政治教育的主渠道。高校思政工作格局的实质，即高校依据时代与发展的要求，坚持"立德树人，德育为先"，充分调动各方面具有思想政治教育功能的资源，形成有机的教育合力和科学的运行机制，从而形成思想政治教育合力的整体。当前各高校开展思政育人理念的思想政治教育工作的特征表现为以下几方面。

1. 参与主体的多元性

在思政的育人体系背景下，高校思想政治教育工作的参与主体，除了传统的思政课程一线教育者和学工部门以外，还涵盖了包括高校行政系统、教学科研部门等在内的所有部门的教职工。要把知识教育与价值引导相结合，共同成为将学生塑造、培养成素质能力和实践能力过硬的好老师。高校的党政干部，更要增强育人意识、提升育人能力，运用良好的、顺应时代发展模式的管理模式和管理行为影响和培养学生，真正发挥管理育人的作用；学校范围内的其他服务人员也要立足服务为人的岗位，具体落实服务育人工作；各级党组织、团委要积极开展各类主题鲜明、新颖的育人实践活动，自觉担负起引导、培养的主要职责，发挥组织育人作用。另外，思政育人体系还要发挥校外社会各层面模范人士的育人作用。

2. 工作内容的丰富性

思政育人体系注重知行合一的理念，注重培养新时代中国特色社会主义事业的合格建设者和接班人。除了常规的思想政治教育讲授和辅导员工作外，高校的所有教学、管理、活动和服务工作，都将是高校思政育人工作的实现形式，各项校园文化活动、各类型比赛评比、青年马克思主义论坛活动、学生社团活动、校园景观文化建设、后勤宿舍环境建设等工作，均需要承载思政育人的工作内涵，使工作内容的丰富性增加。

3. 育人环境的开放性

传统的思想政治教育模式把开展工作的场所主要放在教室，而思政育人体系则更注重开放的理念，以教室和校园内活动空间为主，重点拓展思政教育的实践范围，特别是利用校外社会实践和新媒体网络平台，提高思想政治教育的效能。在校外实践活动中，可以组织学生到革命圣地、改革前沿及传统文化点参观学习，利用寒暑假开展社会实践活动等，切身的了解中国革命、建设和改革开放的历史和成就，进一步激发学生的爱国主义情怀。

4. 教育方法的科学性

教育方法是实现教育目标的重要手段，对教育工作的效果有直接影响。思政育人模式不仅要教授学生专业知识，还要注重对学生情感、综合素质、能力等多方面的培养，使学生能够掌握更好的主动学习能力、社会生存能力，并树立良好的价值观。在新时代，基于新媒体网络技术的广泛应用，整合现实教育和网络教育有效资源，通过开展多方面结合的方式，提升教育方法的科学有效性，促进学生思想道德素质的提升。

（四）高校思政育人体系发挥的作用

构建思政育人体系是为应对当前高校思想政治教育新情况、新问题而进行的积极探索。构建思政育人体系，归根结底是要形成高校思想政治教育的合力，增强思想政治教育的效果。而思想政治教育合力指的是在一定的时间和条件下，各种思想政治教育力量及思想政治教育系统内部各种要素之间的相互联系、彼此作用所产生的综合结果。在高校中，青年学生是受教育的主体，最需要精心引导和栽培。又要把思政教育进行得越来越好，我们就一定能培养好担当民族复兴大任的时代新人，培养好德智体美劳全面发展的社会主义建设者和接班人。

1. 真正做到塑造"完整的人"

当今社会的变化对当代大学生的思想产生了很大影响,大学生思想政治教育对于培养大学生有着极为重要的作用。高校是培养高层次人才的基地,是进行马克思主义意识形态教育的重要阵地、要确保人才培养质量、确保中国特色社会主义事业后继有人,大学生思想政治教育必须加强"三观"教育、生命观教育、心理健康教育、职业道德教育、人文教育。

(1) 大学生"三观"教育

"三观"即指世界观、价值观和人生观,是制约人生行为和方向的三大精神因素,或者说是人生的三大精神动力。大学时期的青年正处于世界观、人生观和价值观塑造的关键时期,帮助他们树立崇高的理想信念、正确的"三观"是高校思想政治教育要完成的重要内容。在高校培养大学生形成正确的"三观"教育的过程中,学校要要求和鼓励大学生以正确的"三观"践行崇高的理想信念,引领大学生寻找自己人生的正确方向。同时要求大学生在正确的"三观"引领下,能够提高自身综合素质,在大学期间不断获得成长、不断累积自身综合能力,将所学所知应用到社会中,专注专业领域,"一门心思"在专业上取得突破。虽然当今时代各种文化交流频繁,大学生很容易就受到不同的、不良的思想的影响,但高校应在大学生产生错误的思想观念之前或正在形成之时,用正确的"三观"武装其头脑,并树立追求远大理想、不断奋斗的做事精神及爱国主义思想。

(2) 大学生生命观教育

首先我们要明确大学生进行生命观教育的主要目的,就是为了让大学生明白生命的重要性和珍贵性,让大学生感悟并懂得珍惜生命,且能够让自己的生命发光发热。高校在对大学生进行生命观教育时,要通过基于生命的有限性进行敬畏教育、基于生命的超越性进行意义教育、基于生命的创造性进行能力教育,即了解人的生命载体和肉体的存在都是有期限的,每个人的生命既不可替代又不可逆转,凸显生命的可贵性。在不断超越中,点燃生命激情,激发生活活力,提升生命境界,实现生命价值。生命观教育必须立足于大学生个体的生活之中,因为生命是存在的、发展的。体验是人的生命存在的方式,是人追求生命作用、实现生命价值、焕发生命活力、走向生命超越的方式。大学生的生命观教育一定要重视培养大学生生命体验情景,让大学生切实体验到生命的各种境况并领悟生命的价值。

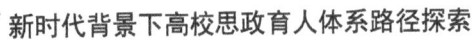

（3）大学生心理健康教育

心理健康既是一门学科，也是一种实践活动，又是指一种心理状态，是探索和研究人心理健康的形成、发展、变化的规律，也是思想政治教育中很重要的一个环节。当前大学生心理健康状况总体向好，乐观向上的学生占主流。但少数学生受多种因素影响，仍存在一定程度的消极心理，比如浮躁、抱怨等。相对往年，教育界探索、丰富了心理健康的教育路径，建议高校心理健康教育应顺应新形势，可通过娱乐、音乐的方式进行设计，发挥艺术净化心灵、陶冶情操、完善人格的作用。其他对大学生心理健康的教育有效途径包括：宣传心理健康知识、开设大学生心理健康教育课、开展心理咨询、进行自我教育与自我调节等。大学生心理健康教育的作用不再局限于培养大学生心理素质本身，在高校全方位开展思想政治教育的大环境下，心理健康教育承载的价值也日益丰厚。有研究者认为，高校的心理健康教育与思想政治教育，可在长期互动与结合中取得更积极的成效，提升育人实效。

（4）大学生职业道德教育

职业道德教育是构建社会主义和谐社会的重要途径，也是高等教育科学发展的重要措施。随着社会经济的发展、对人才要求的提高，以及大学生"就业难"问题的出现，大学生的工作态度、职业道德、职业操守的教育问题，也成为突出问题。因此，高校在对大学生进行职业道德教育的时候，必须注重时代对变化带来的影响。正确的职业道德教育主要包括以下几方面：第一，以爱岗敬业、艰苦奋斗为基础的职业情感教育；第二，以诚实守信、办事公道为核心的职业道德规范教育；第三，以甘于奉献、为服务社会为宗旨的职业精神教育；第四，以遵纪守法、廉洁自律为基本要求的职业纪律教育；第五，以社会主义核心价值观为时代特征的职业操守教育；第六以加强合作、勇于创新为导向的职业理念教育。

（5）大学生人文教育

《礼记·学记》中指出，"化民成俗，其必由学""建国君民，教学为先"，此即"观乎人文，以化成天下"的人文育人见解。大学生到大学主要做三件事：学会如何做人；学会如何思维；学会掌握必要的高层次知识与能力。人文素质教育是教学生"学会做人"的教育，在思想政治教育之中至关重要，它是促进大学生人性境界提升、理想人格塑造，以及个人与社会价值实现的教育，其实质是人格教育。作为素质教育的核心，人文教育在高校教育中起到不可替代的作用。

2. 与当代大学生理想相融合

在庆祝中华人民共和国成立70周年大会上，习近平总书记指出，"没有任何力量能够阻挡中国人民和中华民族的前进步伐。"沧海横流，方显英雄本色，党的伟大事业都是在斗争中诞生、在斗争中发展、在斗争中壮大的。我们急需千百万担当民族复兴大任的时代新人。①

青年群体是我们祖国的未来、更是中华民族的希望，加强对青年群体的政治引领，重要的是要在经济技术发展的前提下，深刻地发挥思想政治教育的功能，引导广大青年把树立远大理想信念，和脚踏实做事情有机统一起来，激励其在各行各业发挥主力军作用。

在高校思想政治教育的过程中，各思想政治教育工作者应时刻坚持正确的政治方向，筑牢当代青年人的思想根基。通过思想政治教育解决好信仰信念的问题。在新时代的青年成长过程中，难免会产生各种各样的生活或者思想上的困惑和迷茫，也可能有因为各类信息的传递导致的动摇和不坚定。此时，高等院校作为青年人教育的主力军，就需要站出来，通过行之有效的思想政治教育方式，坚定他们的立场和方向，通过创新改革思政育人模式，将大学生塑造成为政治坚定、思想成熟、科学文化知识和专业知识过硬，德才兼备的合格人才。

习近平总书记指出，"思想政治理论课是落实立德树人根本任务的关键课程"，对当代大学生而言，在学校学习的期间，通过思想政治理论课学习政治、了解政治始终是高校思政工作的重点。思政育人要求我们努力发挥和创新思政课育人优势，引导青年人听党话、跟党走，培塑担当精神，引导广大青年做奋斗者。②

3. 育人做到润物无声

新中国成立 70 周年之际，很多高校开展了"告白祖国"的系列活动，生动地展示了"小我融入大我，小家融入大家，青春献给祖国"的主题社会实践的丰硕果实，展示了当代大学生的爱国情感、强国志向、报国行为。这一堂生动的"大思政课"，体现了思想政治教育润物无声的良好效果。

思想政治教育，事关立德树人的根本任务，不能将其仅仅理解为开设一门基本思想政治理论的知识课程。高校思想政治教育，事关为国家培养下一代，要融入青少年的终身学习、全方位受教的过程来对待。因此，要坚持用党的创新理论武装头脑，扎根于社会主义核心价值观教育的全过程，无论何时何地，为党育人的初心不能忘、为国育人的立场不能改。

从某种角度来讲，思政教育就是帮助学生认识人生应该在哪用力、如何用心、

---

① 引自 2019 年 10 月 1 日习近平《在庆祝中华人民共和国成立 70 周年大会上的讲话》
② 引自 2019 年 3 月 18 日习近平《党中央召开的学校思想政治理论课教师座谈会》

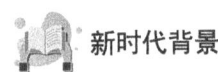

做什么样的人的一种教育工作。因而必须坚持唯实以求，不能搞花架子；坚持唯效是图，不能走形式。着力推动思政教育改革创新，不断增强针对性、时代感和吸引力，将思政铸魂融入素质教育全过程，才能保证学生在不同成长阶段，思政教育"不缺席、不掉队"。

二、高校全方位思政育人体系的生成逻辑

（一）高校全方位思政育人体系概述

1. 基本概念厘定

（1）思想政治教育

思想政治教育，指的是利用思想观念、政治观点，以及道德规范来对社会成员所展开的目的性、组织性、计划性明确的，以促进社会成员形成符合社会一定标准要求的思想道德品质，从而发展为推动社会发展的正向自觉行动的社会实践活动。

（2）高校思政工作体系

高校思政教育指的是高校教职工以高校学生为对象，以马克思主义理论的思想观念、政治观点及道德规范为基础，以培养社会主义合格建设者和可靠接班人为最终目的和归宿的实践活动。当前我国高校思政教育工作主要是由两个方面的内容所构成，一方面是国内各大高校均设置了思政课程，专门对大学生开展思政课程理论知识的系统教学工作，由专职思政教师对学生进行显性教育；另一方面为高校日常思政教育活动，主要是在日常管理、活动教育中对大学生进行隐性教育。前者属于高校思政教育工作的主要渠道，后者属于高校思政教育工作的主要阵地，两者是互为联系、互为支撑、互相影响，并以育人为主线而组成的整体，呈现体系化的特征。

2. 全方位育人概念辨析

"三全育人"，即全员育人、全程育人、全方位育人。其中所包含的全方位育人是就其狭义而言的，是与主体性全员育人、时间性全程育人相对来说的，单纯的空间意义上的育人模式，单方面指代育人载体、育人手段的运用。它与全员育人、全程育人各有侧重但互为依托、互促互进，三者共同构成了共生共荣的育人体系。

高校全方位思政育人体系中的全方位育人则是就其广义而言，是对育人目标、

育人主体、育人过程、育人手段及育人空间的整体统摄和宏观把握，要求高校不仅要将思想政治教育渗透、参与、影响立德树人的各个方面"育全人"，还要调动一切能够为思想政治教育工作发力的积极因素"全育人"。高校全方位思政育人体系具体是指在党的领导下，在全体教职工与大学生双主体的共同努力中，以立德树人为中心，将思想政治教育贯穿、渗透教育教学全过程及学生成长、成才全过程，利用课上课下、线上线下育人空间，体现高校思政育人工作在时间上的全过程性、空间上的全方位性和内容上的全覆盖性，充分发挥高校思政整体性功能的有机工程，是聚"点"成"面"，引"线"转"体"的全面表述，是价值性、协同性、系统性的内在统一。

3. 高校全方位思政育人体系的形成发展

"育人"是高校思想政治教育的内在属性。1995年，《中国普通高等学校德育大纲（试行）》[①]颁布，提出要坚持整体性原则，以形成全员育人意识、构建全方位育人格局、完善社会主义高校德育体系建设，增强育人合力，提升德育整体水平。这是国家性文件中首次明确提出"全方位育人"这一基本理念。2004年，中共中央、国务院印发了《关于进一步加强和改进大学生思想政治教育的意见》[②]（简称16号文件），明确指出加强和改进大学生思想政治教育对于全面实施科教兴国和人才强国战略的重要意义，全面提升大学生思想道德修养对于我国实现中华民族伟大复兴、建设社会主义强国的深远影响。16号文件针对新形势下的时代要求、社会发展与高校思想政治教育工作存在不相适应、高校思想政治教育工作存在薄弱环节等情况，提出了高校思政教育工作发展的基本原则与有效提升路径，强调了各项育人资源在高校思想政治教育工作中的重要地位和作用，从指导思想、课堂教学、实践领域、文化熏陶、网络思政、心理教育、党团建设等方面，为全方位育人的构建提供了进一步的阐释与支持。

2016年12月，习近平总书记在全国高校思想政治工作会议上明确指出，高校思想政治工作关系高校培养什么样的人、如何培养人以及为谁培养人这个根本问题。要坚持把立德树人作为中心环节，把思想政治工作贯穿教育教学全过程，实现全程育人、全方位育人，努力开创我国教育事业发展新局面。[③]以习近平同志为核心的党中央，将高校思想政治教育工作的战略地位推向了一个新高度，将高校全方位育人体系的构建置于了高校工作的突出位置。2017年，中共中央、国务

---

① 教育部.普通高等学校德育大纲.1995年
② 中共中央、国务院.关于进一步加强和改进大学生思想政治教育的意见.2004年
③ 习近平.全国高校思想政治工作会议.2016年12月

院印发了《关于加强和改进新形势下高校思想政治工作的意见》[①]（以下简称《意见》），在加强与改进高校思政工作的进程中，明确提出需坚持全员、全过程、全方位的基本原则的同时，强调要把思想价值引领要贯穿教育教学全过程，从教书、科研、实践、管理、服务、文化及组织七大层面，创建具有长效性、特色化的思政育人工作机制。其中全员是包含学校、学生、家庭及社会在内的人员的积极参与；全过程指的是从学生在校期间，到进入社会，从目标的制定到执行，从课堂上到课堂之外渗透思想政治教育的基本内容；全方位是以立德树人为中心，将思想政治教育充分融入学校组织管理的每一个环节之中。同年12月，教育部在《意见》的基础上印发《高校思想政治工作质量提升工程实施纲要》[②]（以下简称《实施纲要》），在"三全育人"的原则指导之下，结合新时代所赋予高校思想政治教育工作的新任务、新要求对"七育人"进行发展和延伸，将"七育人"细化为课程、科研、实践、文化、网络、心理、管理、服务、资助、组织十个维度，形成"十大育人"理念，也就是所谓的"十全育人"体系，并指出"十全育人"体系要"挖掘育人要素，完善育人机制，优化评价激励，强化实施保障"。这一文件的出台是对高校各育人资源在宏观层面的深度整合，所涵盖的内容更加广泛、全面，为丰富和完善高校全方位思政育人体系提供了建构思路。

（二）高校全方位思政育人体系的基本结构

1. 全方位的育人目标

全方位的思政育人目标是构建全方位育人体系的最终目的和方向归宿。高校思想政治教育工作是我国教育体系的重要组成部分，作为影响人、改造人的社会实践活动，理应遵循新时代教育方针，牢牢把握"四个服务"的原则，始终坚持立德树人的教育任务，以人为本，以大学生的现实需要为出发点和落脚点，不仅要在学生的头脑中、思想上武装科学的理论知识体系、正确坚定的政治信念，更主要的是要以灵魂塑造引领学生的全方位发展，培育德智体美劳全面发展的社会主义建设者和接班人。

2. 全方位的育人主体

全方位的思政育人主体是开展全方位育人体系的人力基础和基本保障。学生在对思想政治教育信息的接受过程中，受各种社会关系的制约，一切人的行为习惯、思想观念都可能成为影响思政教育工作成效的因子。思想政治教育工作不是

---

① 中共中央、国务院.关于加强和改进新形势下高校思想政治工作的意见.2017年
② 教育部.高校思想政治工作质量提升工程实施纲要.2017年12月4日

单单依靠专职教师、党务工作者就可以实现的,高校所有的教职工(包括教师、管理人员、服务人员、辅导员等)都承担着育人育才的重要使命。"环境是由人来改变的,而教育者本人一定是受教育的"。教育者的专业程度、师德水平、政治站位和道德修养,都对大学生起着很强的表率作用,是全方位育人体系中的关键主体。此外,大学生不仅是思想政治教育的作用对象,也是思想政治教育工作的直接参与者,是全方位育人体系中的核心主体。一方面,思想政治教育工作要从学生入手,围绕学生实际;另一方面,同辈群体影响的力量不容忽视。因此要改变以往单向度的教育模式,调动学生自身的内在积极性、创造性,实现自我管理、自我教育,引导学生在交互中自觉、主动地强化自身的学习意识和能力。

3. 全方位的育人过程

全方位的思政育人过程是体现高校全方位思政育人体系蕴含规律性、持续性和针对性的必要条件。任何事物的发展都是量变和质变的统一,不管是教育本身还是学习发展均具有过程性,是在不断地与外界进行信息交换和互动中实现的。这就要求思想政治教育不仅要贯穿高校教育教学全过程,还要贴近学生成长、成才的全过程。全过程育人一方面体现在高校思想政治教育工作,要从学生入学到毕业的各个阶段,针对不同年级和学习接收能力的差异,制订既要符合思想政治教育的内在逻辑,也要符合人的发展规律,有侧重点的解决学生的现实需求和期待的阶段性目标和内容;另一方面体现在高校思想政治教育工作要实现与中、小学段,社会发展需要的有效对接,减少不必要的重复性教育输出,体现教育工作的渐进性,提高效率,形成长效的育人机制。

4. 全方位的育人空间

全方位的思政育人空间是突出高校全方位思政育人体系"处处在育人"的客观环境、载体、方式的必要前提。思想观念在存在方式和状态上具有非线性的特点,开展思想政治教育工作,要从其学科本质特点出发,打通课内和课外、现实与虚拟、校内和校外的脉络、显性实物和隐性文化的不同空间方位,融合理论教育和实践引导、线上和线下的多种载体方位,创新心理育人、管理育人、资助育人、组织育人等多重路径,统筹各个环节、各个机构的育人资源,确保各项影响因素都能发挥其积极正向作用,营造无处不在的思想政治生活氛围和气息,形成由上而下、由内而外的立体化育人空间。

（三）高校全方位思政育人体系构建理论基础

1. 马克思人的全面发展理论

马克思、恩格斯在揭露大工业机器生产发展规律的过程中，提出了人的全面发展理论，并将其总结概括为三个主要维度，分别是人的活动的全面发展、人的社会关系的全面丰富，以及人的素质的全面提升。其中人的活动的全面发展是由人的需求及人的能力的全面发展所构成；人的社会关系的全面丰富指的是人们在生产、生活实践活动过程中逐渐结成、占有的多重的社会关系，它与每一个个体在社会生活中的发展水平具有正向相关性；人的素质的全面提升指的是智力与体力、才能及道德水平的全面发展。思想政治教育不仅旨在塑造人的思想观念，在对客体思想观念进行影响的同时，指导着客体行为习惯的养成。因此，马克思关于人的全面发展的理论与思想政治教育的最终归宿目的的一致性，决定了该理论在育人工作中的基础地位，指导着高校全方位思政育人体系的构建。另外，高校全方位思政育人体系的实践也可以进一步丰富人的全面发展理论，在新的历史条件下赋予马克思主义理论新的生命力和内涵。

2. 协同理论

协同理论产生于20世纪60年代，由德国物理学家赫曼·哈肯（Herman Haken）所提出，最初属于物理学范畴，其核心观点是"协同导致有序"。具体是指，在系统当中每一个子系统与子系统之间要建立紧密的协同联系，推动系统内部由无序向有序转变，在宏观层面上集中各个子系统的力量，降低内耗，从而打造出集体效应。我国将协同理论引入到社会哲学科学工作中的时间最早可以追溯至20世纪末期，主要是应用在德育工作之中，认为德育工作的开展过程中，要整合其他相关领域内的资源力量，进行协同合作形成合力。高校全方位思政育人体系要求，要发挥出课程、科研、实践、文化、网络、心理、管理、服务、资助、组织等各个方面在思想政治教育领域中的价值和功能性，发动学校、学生、家庭，以及社会的力量，形成教育合力。因此，协同理论与高校全方位思政育人体系两者之间的建构的一致性，使得协同理论必然成为高校全方位思政育人体系创建的重要理论支撑。

3. 中国共产党历代领导人的人才观

毛泽东提出要把思想教育作为根本，坚持正确的政治方向，培养又红又专、德才兼备的人才。同时，毛泽东还提出要采用灵活、多样化的思想政治教育工作方式，将个别与一般相结合，因材施教，做到教育内容能够为教育对象所理解和接受；邓小平指出思想政治教育工作要以"四有新人"作为目标和导向，并确立了"面向现代化，面向世界，面向未来"①三个面向的指导方针，为思想政治教育工作的全面开展提供了明确的方向，同时他还强调思政教育工作方法的重要性，尤其是提出了解放思想，实事求是的理念，要以理服人、以情感服务人，选择正确的方式方法来开展思想政治教育工作；江泽民提出在新时期思想政治教育工作中，要明确思想政治建设在党的建设进程中所处的核心、首要位置，指出思政教育工作应当要更加生动，才能够为受教育人群所接受，继而才能在源头上增强思政教育工作的成效；胡锦涛提出了"四个新一代"②观念，规划了面向高校学生进行思政教育的目标，在全新的国内外形势之内，不仅要明确培养什么人的思政教育工作目标，而且也需要明确怎样培养人的思政教育工作路径，同时指出在高校思政教育工作中要坚持以人为本，从而全面调动大学生对思政教育知识的学习主观能动性；习近平指出，我国高等教育肩负着培养德智体美全面发展的社会主义事业建设者和接班人的重大任务，必须坚持正确政治方向。高校立身之本在于立德树人。只有培养出一流人才的高校，才能够成为世界一流大学。办好我国高校，办出世界一流大学，必须牢牢抓住全面提高人才培养能力这个核心点，并以此来带动高校其他工作。③

我党历代领导人的人才观是继承性与创新性的双重统一，是符合我国的基本国情和高校建设的发展规律的，我国人才培养和思政教育工作的实践尝试与理论探索，为高校全方位思政育人体系的价值目标与内容框架的确立，提供了基本遵循思路，是我国高校全方位思政育人体系建立的重要指针。

（四）高校全方位思政育人体系构建时代价值

1. 有利于完善高校人才培养体系

在知识经济的背景下，人才是社会发展的第一资源。我国在社会发展转型的关键时期，对人才的素质、水平、能力有着更高的要求。大学生是民族、国家的希望，大学生的培养是教育主体的共同诉求。习近平总书记在全国教育大会上发表讲话，指出当代高校要"构建德智体美劳全面培养的教育体系，形成更高水平的人才培养体系"，同时还强调高校人才培养体系的创建过程中，要对"学科体系、教学体系、教材体系、管理体系"几个主要层面做出变革，提升高校育人工作的整体水平和质量，做到思想道德、文化知识及社会实践并重。思想政治教育工作在高校人才

---

① 引自1983年10月1日，邓小平为北京景山学校题词
② 引自2007年胡锦涛致给中国青年群英会的信
③ 引自2016年12月习近平总书记出席全国高校思想政治工作会议并发表重要讲话

培养体系中处于统领地位，高校全方位思政育人体系的构建正是对高校思想整治工作进行统筹谋划的设计方案，是帮助高校人才培养体系补足短板，强化优势的必然选择，有利于新时代高校人才培养体系在适应社会的矛盾变化中不断进行完善、优化和升级，开创工作新局面、新态势。①

2. 有利于提高高校人才培养素质

《关于加强和改进新形势下高校思想政治工作的意见》中提出，在高校思政工作的加强与改进工作中，要"培养又红又专、德才兼备、全面发展的中国特色社会主义合格建设者和可靠接班人"，为"两个一百年"及中华民族伟大复兴的实现提供人才支持；《高校思想政治工作质量提升工程实施纲要》中更加明确的指出，高校人才培养的总体目标是，"着力培养德智体美全面发展的社会主义建设者和接班人，着力培养担当民族复兴大任的时代新人"②。高校作为党的意识形态工作的前沿阵地，在多元文化渗透和冲击的大环境下，更加要将意识形态阵地建设工作落实到位，为大学生的全面发展指明正确的方向。在当代大学生的全面发展及综合素质的培养过程中，只有先对当代大学生施加正向的思想政治教育影响，才能为大学生的全面发展指引正确的方向和道路。此外，高校全方位思政育人体系着眼于新时代，从宏观视角将传统思政工作进行立体化升级，在不同层面满足大学生成长、成才的需求，"全育人"且"育全人"，在理论与实践中、在生理上与心理上均切切实实地提升其获得感、满足感。因此，高校全方位思政育人体系构建的时代意义还体现在，可以为高校人才道德素质水平的提升，以及综合能力的增强提供强大助力。

3. 有利于提升社会主义高校影响力

建设世界一流大学和一流学科，即"双一流"大学，这是我党在教育领域内所推行的一大重要战略，其中将打造具有中国特色和世界影响力的新型高校智库作为重点任务之一推进。长期以来，我国对教育工作都予以高度重视，高校建设工作也初步获取了成果，拥有了世界范围内规模最大，增长速度最快的高等教育系统。但与此同时，世界经合组织所公布的调查数据显示，2018年中国25~64岁人口中受过高等教育的比例为17%，而发达国家的水平基本在40%~50%。由此可以看出，当前我国高校人才培养工作正面临着巨大的挑战，与发达国家之间存在较大的差距，我国高校在世界范围内的影响力仍然较低。习近平总书记在北大

---

① 引自2018年习近平在全国教育大会发表重要讲话
② 习近平.全国教育大会.2019年

师生座谈会上发表的重要讲话中指出，应当将立德树人视作高校全部工作成效的检验标准，并将其融入高校建设、高校管理的每一个环节之中，将立德作为教育工作的根本。这一表述充分强调了思想政治教育工作，对于高校整体工作开展的重要性与必要性，也间接说明了高校全方位思政育人体系的全面构建，不仅对"双一流"大学建设任务的推进具有积极影响，更关键的是有利于我国高校走出一条面向世界、面向未来的中国特色社会主义高校发展之路，在提升我国高等教育的整体水平的同时扩大国际影响力。

第二节 高校全方位思政育人体系的现状

一、我国高校思想政治教育的现状

（一）育人主体的育人热情尚未完全唤醒

作为高校思想政治教育的组织者、实施者，教育主体是全方位思政育人体系的联结单元，是思想政治教育工作向前发展的、具有强大创造力的推进器。高校思政育人主体主要包括思政理论课教师、专业课教师、辅导员、党务工作者、管理、服务人员及学生。高校思政育人主体的育人热情尚未完全唤醒，育人的主体性、能动性发挥受限，具体表现在以下两方面。

1. 部分教职工育人意识淡薄

思政理论课教师和专业课教师在教学和科研的双重压力下，任务繁重，始终以教学大纲、书本内容为依托，以传统考试为主要落脚点，以专业知识、技能教授为本位。对学生个体的需要认识、理解不到位，易沦为没有思想、没有感情的教书机器，将"育人"这一过程异化为机械的传递、灌输的行为，不利于学生的全面发展。辅导员、班主任作为大学生成长之路的引领者、指导者，被事务管理者角色所替代。其在处理班级和学生的日常事务时也只是就事论事，对当下产生的结果进行处理和止损，而对事件发生的背景、过程、推动因素和其中暗含的思想行为倾向关注较少，导致实质问题得不到根本性的解决；党务工作者在发展人才、制订活动计划时疲于应付过于繁杂的流程，在唤醒校园特色、贴合人的全面发展规律，充分调动师生参与积极性方面的工作捉襟见肘。高校管理呈现"行政化"的特点，管理人员在日常工作中通常以稳定、有序、绩效为基本追求，在制度体系、管理方式的选择上尚不能满足时代和学生的期待和需求。高校在提升服务水平，推行服务社会化的过程中，忽略了后勤人员自身素质的建设。而服务人员在市场经济的影响下，以利益作为工作导向，片面注重物质供给，忽视精神涵养。

2. 大学生缺乏自觉学习动机

十九大报告中明确指出，我国现在的社会主要矛盾已转变为人民对美好生活的需要与发展不平衡不充分之间的矛盾，这是对我国各行各业发展趋势的整体总结。思想政治教育现阶段的主要矛盾也已转化为人们对满足多样性、多层次性的道德精神需求，和思想政治教育对人的德行涵养效果不凸显之间的矛盾。我国高校思政教育工作要解决这一矛盾实现全方位育人，需要动用育人体系中庞大繁杂的资源系统共同发力。《高校思想政治工作质量提升工程实施纲要》将育人要素划分为课程、科研、实践、文化、网络、心理、管理、服务、资助、组织十个维度，而目前育人体系中的育人资源功能性发挥受限，育人成效不尽相同，对整体的贡献度参差不齐。

（二）高校思政课程的保障机制有待完善

近年来，随着国家、各高校对高校思政课程的建设和发展支持力度的进一步提升，此课程的相关保障机制已经有了非常明显的改善，极大地增强了大学生对高校思政课程的认同。但不容忽视的是仍存在一些改善不到位的因素影响着大学生对此课程的认同，主要表现在以下三个方面。

1. 对高校思政课程的实际重视程度有待加强

一方面，国家相关部门对此课程的实际重视程度有待强化。具体表现在：其一，虽然国家一直以来都非常重视此课程的建设和发展，下发了许多专项文件和指示，但国家相关部门对高校对有关文件精神和指示的真实落实情况，缺乏有效的监督；其二，目前多数高校的此课程专职教师人数，与在校学生人数的比例尚未达到最低要求，因此，国家对此课程专职教师的培养力度有待进一步加强；其三，国家或地方相关部门未充分发挥自身在协调各高校共享教育资源方面的特殊作用，未能使教育资源作用最大化。另一面，高校对此课程的实际重视程度不够。虽然国家历来看重此课程的建设和发展，但"说起来重要、做起来次要、忙起来不要"的不良现象在部分高校中仍然存在。这些高校未能把相关文件精神和指示真正落实到位，未能给此课程的有序、有效开展做好保障工作。具体表现在：其一，随着高校的不断扩招，进一步突显了此课程的专职教师人数与学生数量之间的矛盾，致使许多高校成倍地加大现有教师的工作量和采取"大班教学"形式；其二，随着各高校校园规模的扩建，虽然满足了学生对教室数量的需求，但教室的现代化多媒体设备却不能满足教师和学生的需求，且存在部分教师不能熟练操作多媒体等现代化教学设备的情况；其三，通常情况下，人学习能力的最佳时间一般出现在上午，而运动水平的最佳发挥时间是在下午。但目前存在部分高校的相关部门及领导因对此课程的价值认识不到位，而把此课程的上课时间，安排在上课效果较差的下午甚至晚上进行的现象，与专业课的上课时段安排形成了鲜明对比，与其他公共课也有较大差距；其四，部分高校及领导因未能充分认识到实践教学在此课程教学中的地位和作用，而未给它提供必要的保障；其五，大学生思想政治教育是一项复杂的系统工程，不仅需要此课程充分发挥其主渠道作用，也需要其他课程予以配合和支持，但目前多数高校尚未形成有效的协同教育机制和模式，不利于有效、快速地提升大学生的思想和道德素质等。这些不良因素都在一定程度上影响了此课程的有序开展和实效性的提高，阻碍了大学生对此课程的认同。

2. 大学生对高校思政课程认同有待优化

一方面，良好的家庭认同氛围的营造有待加强。具体表现为：其一，部分家长受传统观念的影响，认为此课程是"副科"，学不学对孩子没有影响；其二，部分家长未能很好地以身作则，阻碍了家长的道德示范作用的发挥；其三，部分家长与学校缺少有关孩子思想政治素质状况的沟通，未能形成协同共管机制等。这些都不利于引导和督促大学生对此课程的重视，不利于培养他们高尚的思想道德素质、坚定的政治信念和相应的行为能力。另一方面，良好的社会认同氛围的构建有待强化。具体表现为：其一，不良社会环境的存在；其二，用人单位忽视或不重视对应聘人员思想政治素质的考核；其三，对大众传媒的管理和利用大众传媒弘扬社会正能量的力度有待加强。这些因素都制约着大学生对此课程的认同。

3. 高校思政课程的制度保障体系有待完善

无规矩不成方圆，健全、有效的高校思政课程制度，可以规范此课程教学的开展和激发此课程教师的教学动力，但目前部分高校在相关保障制度建设方面，仍存在不足。主要表现在：一方面，高校思政课程的教学督导制度有待完善。其一，部分高校聘用非本专业人士担任此课程的教师，导致他们不能从专业学科的角度来评估教学情况，无法提出有针对性、建设性的建议；其二，部分高校聘用辅导员的标准过低，导致聘用的辅导员不能切实履行自身职责，致使该项制度的建立形同虚设，不能真正起到监督教学的作用；其三，部分高校督导制度的层次过于单一，不能全面地了解、把握此课程的实际教学情况。另一方面，此课程的教师教学评价制度不健全。有效的评教制度可以督促教师用心教学，努力提升自身理论素养、丰富教学内容、创新教学方式方法，进而激发大学生积极主动、热情洋溢地学习此课程，有利于提高大学生对此课程的认同。高校评教制度已实行多年，也收到了较好的效果，但仍存在一些尚待完善的方面。具体表现为：其一，评教标准抽象模糊且不全面。目前的评价标准不容易被评价主体量化，且容易忽视对教师的实际教学、参赛和指导学生参加社会实践活动等情况的考核。其二，评教主体单一且各评价主体的分值所占比重不合理。对教师的评价主体应该多元化、多角度和多方面，这样才能使评价结果更合理、更科学、更客观。同时，大学生这一主体的评教分值在总分值中所占的比重不宜过高，因为大学生对任课教师的评价标准往往比较片面，易带主观感情色彩，甚至有部分大学生只以老师的课堂纪律是否严明、作业要求是否严格、考试是否给高分等为标准，对老师上课所讲内容是否有深度、分析问题是否有高度等方面不关心。他们可能对那些课堂纪律严明、作业要求严格、阅卷实事求是的老师给予低分或差评，导致他们的评价不是很客观公正，影响着评教的真实性，不利于该项制度功能的发挥。

（三）当前大学生思想政治教育亟须协同创新

随着大学生思想政治教育的发展，如何优化现有的工作机制，形成协同育人的合力，已成为在新的发展阶段下高校持续加强和改进大学生思想政治教育工作，所面临的共性的问题之一。

1. 高校持续扩招对教育教学质量产生压力

高校扩招政策的制定，其初衷是为了给更多人接受高等教育的机会，促进整个社会的教育公平，既让年轻人享受到高等教育带来的福利，也能缓解社会就业压力。1999年开始，我国高校持续扩招，这一政策对提高国民素质、增强人才创新能力、延缓社会就业压力等方面起到了积极作用。相关数据显示，改革开放以来，我国已经累计有2.28亿人报名参加高考，高等教育已培养了9 900多万名的高素质专门人才。2019年全国普通高校招生800多万人，全国高校毕业生达到834万人。这些大学毕业生在国家各行各业的建设中承担了重要任务，成为我国科技创新的动力源泉，并带动形成全民学习、终身学习的良好氛围。但高校持续扩招后，造成学生数量增多，高校原有的教学场地、教学设备、师资力量逐渐无法满足这种大规模的培养需求，使社会对高等教育人才培养的质量产生担忧。目前思想政治教育队伍身兼数职的情况司空见惯，缺编、缺岗的现象使其工作面临巨大的压力，如果仅依靠一方力量或一支队伍的力量，必然无法完成庞大的教育教学任务。只有整合队伍、资源和平台，让各个队伍相互配合、相互支持，才有可能在人员不足的情况下保质保量地完成大学生思想政治教育工作。

2. 职能化分工需借助协同力量提高效率

各部门职能的精细化管理，力求全面覆盖思想教育和学生工作范畴，确保教育教学的工作质量，为学生提供全方位的服务。但这一举措也在一定程度上造成了各职能部门之间的隔阂。首先，处于基层的各科室部门之间由于分管不同工作，交流和沟通成本相对较高，彼此能合作配合的机会也较少，即使需要多方合作时，相互不熟悉各自的工作流程，往往会导致工作效率延缓。其次，大学生思想政治教育工作作为一个复杂连接的整体系统，某一项工作很难划分为某个部门单独的职能和责任。如学生的心理问题，可能需要联合学院、心理咨询中心、后勤公寓管理中心、保卫处等多个部门的师资力量，对学生进行集中分析，找出问题背后的原因，并从各个环节对学生进行监督反馈，确保学生的安全和心理健康。最后，由于工作职能划分的精细化，许多学校将思想育人的工作都压在了辅导员和思政课教师的头上。但育人工作是高校"全员"的责任，需要其他教职人员的配合和协助，一味强调职能精细化管理，反而会造成一些部门机构冗杂、人员过多，出现忙的部门被事务性工作缠身，闲的部门又人浮于事，导致真正干事的人很少。究其原因，还是在这种部门职能精细化管理的背后，上下级关系的金字塔式结构，导致信息沟通不畅，无法形成统一的领导和工作分配机制。

（四）学科建设存在的问题

学科建设是围绕学科方向、学科队伍和学科基地，通过硬件的投入和软件的积累，提高学科水平，增强人才培养、科学研究和社会服务综合实力的一项系统工程建设的过程。"马学科"作为一个年轻的学科，其成长发展和建设依然存在很多的困难和不足，面临的一些瓶颈始终难以取得更大的突破。概略梳理，"马学科"发展建设依然面临以下几类困难。

1. 师资队伍支撑问题及造成的影响

师资队伍质量、数量等指标是学科水平和建设前景的决定性要素。从数量来说，"马学科"的师资队伍数量截至 2020 年 12 月，师生比基本达标。但是不得不说，为了达标，部分学校的专职老师依然匮乏，只能采取兼职方式，这就从一定意义上拉低了学科建设质量。从师资队伍质量来说，由于历史的原因，相当部分的专业课老师并不具备马克思主义理论学科背景，管理学、历史学、教育学、心理学乃至其他理工类学科背景的老师，在学科建设之初进入专职教师队伍。十多年来，虽然在从事思想政治教育工作，但是受制于时间、精力、条件，这个群体中，在马克思主义理论学科造诣上更进一步的老师少之又少，由此导致了另一个问题，即相当一部分的马克思主义学院在学科方向的凝练问题上长期无法突破。

2. 学科建设环境遇到的困境及造成的影响

近些年来，随着党中央将"马学科"建设、思想政治教育工作放在战略地位上予以重视，此学科及建设主体单位——马克思主义学院的发展建设环境相对宽松，可以说迎来了历史上最快最好的发展机遇期。但是，不得不说，部分高校和地方对此问题政治意识还不够，政治站位不高，改革推进的步伐相对较慢，导致学科建设的硬环境并不如党中央的期待。如部分高校在办公面积、办公条件、资料室建设、实践中心建设等方面支持力度依然有限。软环境方面来说，主要是部分领导、部分老师对此学科存在偏见，认为"马学科"不是学科，与之相对应，部分学校就会在职称评定、工作考核、教师数量等方面不注意此学科的特殊性，搞一刀切，进而影响马克思主义学院教师队伍的工作积极性，制约了高校整体思想政治教育工作的发展。

3. 学科边界、学科意识的划定及养成问题

"马学科"自从单独设置成为一级学科之后，学科边界不明的问题一直存在。历史学、教育学、政治学、马克思主义哲学等学科在研究方法、研究视域、研究重点、难点、研究内容上对"马学科"均有巨大贡献。但是，也导致"马学科"与上述几类学科之间的边界模糊。"马学科"研究者常常借用其他学科的方法、概念、路径等基本内容，来充实"马学科"的建设。这种方法对新生学科而言，虽然有借鉴意义，起到了融会贯通的作用，但是也造成了"马学科"老师与其他学科的老师，均存在学科意识模糊问题。如何养成鲜明的学科意识，应该是未来"马学科"建设工作的重点和难点。

除了上述较突出的问题之外，"马学科"的建设发展也面临其他一些问题。如专业课和思想政治理论公共课在学生心目中的地位差异问题，思想政治理论课专职教师教学任务和社会服务之间的冲突问题，"马学科"师资队伍及后备人才建设可持续发展问题，等等。总而言之，这些问题如果解决不好，不走集成创新发展之路，势必造成高校思想政治教育工作的重大损失。

（五）高校思想政治教育社会化存在的问题

1. 教育目标与社会脱节

教育目标是关乎将教育对象，也就是将大学生培养成什么人的关键问题。目前，高校教育目标的制定是在以教育部相关学科建设的规章制度要求下进行的目标达成度，考虑学科发展与学校发展规划的因素比较多，对服务社会意识的注重程度明显不够，在学生的综合实践能力与全面发展方面较为薄弱。高校教育的目标是促进学生的全面发展，但学生的发展往往依托学科专业建设，无暇顾及思想政治教育与社会的真正契合度，导致学生的发展与社会脱节的现象时有发生。面对经济全球化的冲击，部分学校急功近利，只关注眼前利益，只注重与其学校发展有直接关系的专业发展，对思想政治教育的重视程度不够，教学目标偏向功利化、短视化。

2. 教育内容与社会脱离

教育内容是决定大学生如何培养的关键环节。高校进行教书育人工作时，教育内容有着严格的程序规定与制度标准。但是与作为教育对象的学生迅速发展的思维相比，教育内容的更新速度比较迟缓，有些思想政治教育内容已经脱离了社会前沿的内容，没有办法对当前国际、国内重大问题、热点问题和敏感问题进行及时的反应，导致对学生的吸引力不够。枯燥的理论教育引导往往脱离社会现实，学生容易产生消极情绪，单调的教育方式往往不够灵活多变，导致学生注重程度明显不如专业课程，不利于思想政治教育效果的有效体现。

3. 教育方式与社会脱位

教育方式可以推动大学生的综合发展。教育方式要想能够引发共鸣，就必须要贴近生活，贴近学生，贴近时代。现阶段，高校依旧在采用比较保守的方式进行思想政治教育，虽然各高校针对思想政治教育工作也进行了许多尝试，如建立班级微信群，采取校园文化、社会实践等，可是这些教育方式在创新方面依旧比较缺乏，存在与社会脱位的现象。高校进行思想政治教育仍然以进行课堂说教为主，其他形式只能作为补充开展，教师开展活动的频率较低、学生的参与度不高。而且思想政治教育对社会资源利用不充足，与社会之间的切合度也不高，仍然有较大空间可以挖掘利用。

4. 教育评价与社会脱钩

教育评价是对大学生是否能培养成才的审核环节。思想政治教育本身具有批判的功能，其形成的教育评价的最终目的是要促进大学生的全面发展，实现大学生的个人价值与社会价值的双提高。但是从目前的情况来看，教育评价往往流于形式，模式化的教育评价往往对学生没有激发作用。大学生本身对思想政治教育的热情度不高，如果评价机制过于死板、僵化，对学生的教育评价一刀切，就无法体现学生的个性特征，会阻碍大学生参与思想政治教育活动的积极主动性。目前高校思想政治教育评价基本局限在校内，由任课教师来进行操作，社会参与度较低。特别是针对社会实践、社会公益活动等的评价几乎与社会评价脱钩，评价不全面、不客观。

（六）教育与技术融合程度不够

现今，大数据越来越受到社会各界的研究和应用，也为高校教育提供了一个全新的机遇，而对于思想政治教育这个人文关怀浓厚的学科来说，要与数字化结合无疑是个很大的挑战。由于这种非理性向理性的转变，很容易让思想政治教育陷入"唯数据"的错误理念当中，换句话说，也就是在思想政治教育当中，盲目地、完全地依靠数据会丧失思政学科本身的亲和力，不利于思想政治教育创新。

在思想政治教育与大数据结合的初期必然会存在很多的问题，盲目的利用数据对大学生进行教育，不利于教育效果的实现。大数据的容量巨大，海量信息中包罗万象，真假信息极难分辨，在庞大的数据中价值密度低，如果教育数据技术不过关，很难选取有价值的信息，这对教育者的数据甄别能力有所要求，因为选取何种信息关系到教育的实效。其中会有部分学生产生虚假信息，比如一些不愿意袒露心声的学生，会在网上留下一些虚假信息来掩盖自己的真实信息；还有一些个性较为张扬的学生会为了寻求关注，发表一些不符合自己实际的虚假信息。甚至是学生的某一阶段的思想变化也会使信息数据发生异常变化。例如大数据会根据大学生的消费情况来了解学生的日常生活实际，某学生由于减肥而不吃晚饭，大数据可能会对学生造成错误预判，认为学生生活出现困难需要师生帮助。在这种情况下，教育者无法对信息数据进行甄别，以及充分挖掘数据背后的价值，从而根据数据做出正确的判断。

大数据的应用让我们可以全方位地了解学生，对学生的行为进行预测，根据预测数据得出教育方案，提升思想政治教育效果。但如果管理者过分注重数据，利用数据的表象来了解学生，则会陷入误区，丢失传统思想政治教育的亲和度，使教育与数据结合过于生硬，出现二者融合程度不够的现象。

1. 教育信息采集和处理滞后

将大数据技术引入思想政治教育当中，对教育教学及学生的数据收集是基础性工作，只有及时收集较多的有效数据，并且进行处理，才能够实现数据的价值，更好地辅助教育。一旦数据的即时性不能保证，信息收集和处理都会存在滞后，数据就毫无价值，直接影响到思政教学效果，主要原因如下。

（1）高校学科教育缺乏系统性

专业的不断细化，使学科之间交叉模糊，各个学科与思想政治理论课结合较少，缺少数据收集相关的课程，出现分裂化现象。我国高等教育模式与大数据集中整合分析技术中间差距较大，这种分块化的教学模式影响了对学生数据的集中收集，也影响了思想政治教育的效果。将各个学科数据进行收集会耗费大量时间，程序相对复杂，再把收集到的数据统一处理分析，往往会因时间的延误导致数据失去价值。

（2）基础数据收集和授权困难

我国高等院校学生对于定量化分析思维不够，除专业学生以外，大部分学生对数据分析相关学科的学习停留在理论层面，学生在实践方面涉及不多，基础数据的收集比较困难，影响着对学生学习数据的获取和收集。其次是在收集数据过程中的授权问题，目前我国对于数据库的使用也有较大争议，一些重要的数据库都需要权限，且费用较高，学生独立获取权限很难，使得大数据与思想政治教育联合困难，需要国家的政策干预。

（3）大数据技术没有完全引入高校

由于大数据技术不够成熟，学生信息较为零散，数据信息收集起来相对困难，缺乏系统化的管理。加上团队建设不够完善，学生的数据收集呈现碎片化状态，将零散的数据进行整合需要很长时间，从中提炼出有用的价值信息，再应用到教育教学当中时，常常会出现滞后状态，影响思想政治教育效果。

2. 教育对象隐私保护不严密

大数据时代的到来将我们带入了信息网络世界。数据将我们包围，我们的基本信息也都可以以量化数字的形式出现，以更加直观的形式出现在网络之中，公布给大众。大数据时代思想政治教育想要创新，离不开大数据技术的使用，而在使用的过程中需要收集学生的大量数据，其中包括：个人基本信息、个人喜好等，但是一旦管理不严格出现问题就会造成数据的泄漏，而这会为学生带来严重的身心伤害，损失不可预估。近些年来大学生信息泄露事件频发，如 2018 年 9 月，位

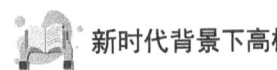

于江苏靖江的常州大学怀德学院发生大规模学生信息泄漏事件,被企业用于偷逃税款。被不法企业非法盗用信息的学生人数超过2 600名,江苏宏鑫公司自证没有通过黑客手段攻击学校网络获取学院内部信息,但拒绝回答数据的具体来源。

类似这种事件还有很多,随着网络科技的不断进步,利用网络非法攻击和非法获取已经成为我们必须要面对的新问题。校园中学生日常用得最多的就是校园卡,其中记载着学生的基本信息、出入校园记录、图书馆借阅记录、日常饮食消费记录等,便于教师全面了解学生,及时发现学生问题,并且帮助学生解决问题。但如果对数据管控不严,导致学生隐私被窃取,将会产生严重的后果。其中出现信息泄漏的原因包括:对大数据技术的不熟练,以及针对大数据运用过程的管控不严格;学校对学生数据的不重视甚至是个别教师素养不过关,都会导致学生数据信息泄漏,出现隐私泄漏问题,引起学生恐慌。信息泄漏导致学生产生大量虚假信息,避免被人窥探。但这样一来就为本就难以进行的筛选工作增加了不小的难度。甚至会使教育者根据错误信息对学生做出误判,错误的引导教师教育教学工作。

3. 教育者教育信息化动力不足

在这个信息化的时代,网络也越来越成为教学必不可少的工具,为教育教学改革创新提供了机遇,有利于增添课程吸引力,提升教学质量。大数据时代各行各业都争先恐后地应用、研究大数据技术,致力于提升自己的核心竞争力。与此同时,高校的思想政治教育也在逐渐引入大数据技术,提升了思想政治教育的实效性。快速变化的教学环境,对教育者的要求比较高,需要教育者对于大数据技术有一定程度的掌握,能够甄别真假数据信息,处理学生数据。教育者要通过对数据的分析了解学生,针对学生的思想行为状况提出有针对性的教学方案。教育者也要学习智能化设备,高校学生思想比较活跃,接受事物速度快,但缺乏系统性,需要教育者利用学生碎片化时间进行稳定教育,让学生在网络中潜移默化地接受教育。例如:利用微信群组推荐学习信息和重大新闻事件,建立公众号实时推送学习资讯等,形成线上线下相结合的教育模式。

目前来说,大数据在思想政治教育当中的运用状况并不乐观,我国大多数的高校思想政治教育工作者,还没有意识到将信息化引入教育当中的重要性。思想政治教育是一种人文关怀较为浓郁的学科,研究方法很多都是对学生的调查,而现在更多的还是采取较为传统的调查方法,比如,调查问卷、访谈法、观察法等,对学生的心理、思想和行为进行了解。但这些传统方法具有一定的局限性,对部分样本的调查，不如利用大数据展示全部学生的信息，更能便于研究者在整体的角度出发，全面地了解学生。这不仅提升了思政工作者的研究效率，使其将大数据更好地应用于实践，还能利用生动形象的数字图表辅助枯燥的理论知识，帮助学生提高学习兴趣，减轻思政工作者负担。因此，实现思想政治教育现代化发展需要教育者转变教育观念，向信息化迈进，努力提升自己的信息化能力和水平，为思政教育增添教育资源，提升思想政治教育实效。

4. 教育内容与大数据资源整合不到位

高校思想政治教育工作存在的最大问题就是实效性不强，在感染力和教学效果上需要提高。高校应该在思想政治教育整体的内容上出发，将所有教育资源都进行一个整合，再加入现代信息技术，实现对传统教育瓶颈的突破。

要想将教育内容与大数据资源切实地整合起来，首先，要做到学校教育资源和家庭教育资源整合。让家长通过手机客户端等共享家庭教育信息，教育者利用课余零散时间与家长进行定时沟通。但这无疑是增添了家长和教育者的工作量，也会存在许多重复无效的数据，导致资源整合的实用性不强，浪费大量的人力物力。其次，院系内部的资源整合。想要收集学生的数据信息，就需要将学生各个学科的学习信息都收集在一起，许多高校内部师资配比不统一，教师资源不一致，很多专业设置比例不协调，这都会影响院系的教育资源整合。加上学生在上除专业课以外的其他课程时缺失数据统计，与大数据技术融合不够，使得大数据在思想政治教育中无的放矢。我国"校校通"已经进入实施阶段，其目标就是让学校以较低的成本获得优秀的教学资源和教学课程，实现校与校之间的资源共享。但现在大学间的校际合作还并没有完全实现，无法实现资源共享，原因是学校之间教学资源差异较大，硬件设备不统一，平台对接存在困难，加之各校学生需求不同，对数据挖掘的目标也不一致，合作起来确实存在较大困难。而院校之间差距较大，还存在标准和研究方向不一致的现象。层次较高的院校不愿将教育和学生资源进行共享，水平相对较低的院校则会出现无资源可用的现象。这些都是思想政治教育资源整合的困境。

（七）大数据技术发展与教育应用的不对等

1. 教育主体大数据意识不强

大数据思维是指在大数据时代下运用大数据技术，来对学生进行教育和教其认识事物的思维方式，传统的思想政治教育基本处于单向输出的状态，是教育者对受教育者单方面的灌输和解惑，往往会忽视学生的反馈，也就是对学生数据的收集。其中包括：学习兴趣点、学生接受状况、学生思想行为变化等。然而教育者大数据思维还没有完全建立起来。现今，各种数据包围着我们，大数据的应用无疑为思想政治教育带来了变革的有力技术武器，其在思想政治教育的模式、思想政治教育载体及教育方法，推进思想政治教育现代化上都有重要作用。但当前面临的问题就是如何将大数据的思维科学地融入思想政治教育当中。

首先，在思想政治教育的教材编写上，虽然教材紧跟时代变化和大的政治方向不断改版，但基本上都是停留在理论层面和知识内容上，在思想政治教育教学方法上基本没有太多变化，不能很好地与时代贴合，没有将大数据的思维和大数据的理念很好地融入思想政治教育实践当中，使得对原有知识体系依赖较高，导致教材的更新程度有限。

其次，在教育教学的实践当中，教育主体大数据意识不强。在一线授课时对传统教学方法依赖较强，难以融合大数据思维。而教育主体对于思想政治教育实施的新教学模式，利用新教学方法，拓展新教学平台都缺乏积极性，原因是对外界条件也就是大数据的硬件设备和专业技术要求过高，以及在国内很少能够有效仿和学习的对象，一切还都处于探索之中。因此，在思想政治教育当中很好地融入大数据思维需要多方面的配合，也对国内整体的教育环境有一定的要求。

2. 大数据隐私监管机制不健全

信息化时代的迅速发展，使我们每一个个体都能成为传播的主体，其中真假信息相互掺杂，拓宽了信息传播的途径，同时也加大了信息的碎片化，致使数据处理难度较大，机制体制跟不上，也就会出现数据泄漏和技术困难等难题。而我国对大数据方面法律还不够健全，对数据的挖掘和处理边界不清晰，致使非法利用隐私现象严重；教育工作者的研究范畴和权限不明确，损耗了教育者的信息化积极性。由于各个部门权限不明确，对学生信息丢失和滥用，成为了思想政治教育现代化的阻碍。高校缺乏对数据信息的管控，没有将学生信息合理地进行系统化管理，教育资源与数据资源整合迟缓，缺乏对数据的有效利用，长此以往会阻碍思想政治教育的信息化，导致教育主体应用有效数据成为困难，容易陷入"唯数据"的错误方向。也会因为数据的管理交叉边界不明朗和数据开发过程不严密导致数据泄漏、学生隐私被盗取，不利于对学生的价值观教育，甚至会影响学生的身心健康，同时也增加了教育者的工作量。一系列的管理问题都会给思想政治教育带来诸多困境，因此国家应完善有关数据保护的法律法规，学校需要建立一支专业化的团队和一套严密的制度体系，避免因管理漏洞出现问题。

3. 欠缺对教师大数据技术培训

大数据时代的到来为思想政治教育者，以及思想政治教育事业都带来了良好的机遇，也为思想政治教育的创新和改革提供了技术支持。但是教育者在应用大数据技术时也遇到了很多困难。现在国内的很多校园都没有引进大数据的管理技术，就算引进了也没有形成完整的管理系统。其中就有很大一批院校没有引进大数据的硬件设备，大数据的基础设备搭建，以及大数据软件设备陈旧未更新，这都直接影响到了教育者的使用。

若想利用大数据在数据中提炼出有价值的信息用来辅助学生工作，必定要使用专业算法挖掘数据背后的信息。但是这种专业的算法技术需要专门的技术人才，通过专业的相关关系算法等对数据进行分析和处理，而这些对于普通的思想政治教育工作者来说无疑是具有难度的，致使技术与教育脱节，专业技术人才无法从教育角度出发分析数据，准确找出教育者所需要的教育数据和学习资源。而思想政治教育者面对复杂的算法技术，无法深入挖掘数据，大大减少了数据背后的价值信息。这就需要高校在人才培养方面下功夫，定期对思想政治教育者进行技术培训，将大数据的理念和技术不断地教授给教育者，培养出一批既有理论又有技术的复合型人才团队。但是现在大多数学校没有意识到大数据的重要性，大数据能够为思想政治教育带来很多机遇，欠缺对教师的大数据技术培训，会使教师的教育与技术融合程度不够。学生的数据资源也难以及时掌握，很难抓住大数据带来的机遇，使思想政治教育创新遇到困难。

除此之外，教育者应用大数据时缺乏目标和针对性。对于收集学生日常信息，例如在网上发表的言论、交流的图片及出入记录等，将这些半结构化和非结构化的图片音频转化为结构化的单一形式，这对思想政治教育者来说已经是不简单的操作了，但往往这些分析数据很难被系统化，缺乏明确的调查目标和选择，导致数据被搁置。

4. 相关教育大数据规划制度不完善

一个新兴事物的出现都会伴随着相关法律和制度的建立。大数据的问世导致了关于隐私话题讨论的出现，也增加了对网络安全的加强和相关法律的出台需求。大数据一经出现立刻进入各个行业，带领各个行业拥有了自己的核心竞争力，但相关法律的制定相对滞后。大数据逐渐引入教育当中，但相关制度没有建立起来，很多权责也就不明晰，界限不清楚。教育的内容和大数据的资源整合不到位，同时也会出现因监管不严导致学生隐私被泄露的风险。对隐私信息的监管成为大数据管控的一项重要任务，国内曾出现过公司向学校购买学生信息以便自己逃税漏税，也是因当时各项监管机制不到位让不法分子钻了空子。

学生的网页浏览、支付记录等等都会成为大数据的调查对象，这些也涉及学生的部分隐私，相关制度规章的不健全就会使数据信息的管控权责不明，进而造成数据泄露。此外，大数据时代的到来对于教育而言是一个非常难得的机遇，有利于思想政治教育在大数据的技术支撑下实现创新。大数据运用到教育当中是非常长的一个过程，从数据的采集到数据的整理，再到数据分析和预测，每一个环节都需要严格把控，否则就会使数据丧失效用。

二、国外高校思想政治教育的现状

（一）高校课堂是思想政治教育的阵地

在当代西方高校的教育中，虽然思想政治教育课的名字是不相同的，但其所围绕的主题教育课程的内容是基本一致的，都具有鲜明的时代性和政治性。通过阅读西方的有关思想政治教育的参考文献，并且对回归人员进行深入的调查，我们不难发现，当前西方高校在进行思想政治教育的时候，通常选择采用道德素质教育、政治教育，以及宗教教育等方式来进行。

与这些主题所对应的课程主要有西方文明史、思想史、人文科学、民主问题课和社会科学等。他们的思想政治教育的主要途径就是课堂教育。

（二）宗教教育对思想政治教育的辅助作用

国外宗教教育是具有政治教化，道德教化的功能的。与此同时，宗教教育还被应用到影响民众的思想言行，宗教教育能够极大地减缓人类的精神压力，并且还能够在一定程度上降低民众和统治阶级之间的矛盾，对于西方国家的社会稳定性的维护是很有好处的。因此，宗教教育在西方国家也占有很重要的地位。

人们的思想观念随着社会的发展也产生了极大的转变，但是完全没有降低宗教在西方国家中的地位。当前，大部分的西方国家会将宗教教育的理念灌输到人们的日常生活中，利用宗教教育作为进行思想政治教育的主要途径。

尽管一些西方国家已经明确规定了宗教在他们国家政治的地位，但是宗教在他们生活中的影响仍然是无处不在的。西方国家还规定了一些与宗教教育相匹配的方法，例如一些宗教仪式和教条等。西方国家的高校思想政治教育一般都是采用宗教教育的方式进行，如在英国和法国，以及意大利等国家的高校还专门设立了宗教教育的课程。

（三）媒体宣传影响思想政治教育的政治功能

现代思想政治社会化是通过报纸、广播、电视、电影，甚至计算机网络等大众传媒工具来进行的，这是推动现代政治社会化的重要途径。毫无疑问，在当代思想政治教育的宣传上，这些大众媒介起着至关重要的作用。在日本、英国、美国等发达国家的大众媒体，是一种宣传思想政治教育的有力武器和有效途径。

同时，大众传媒教育具有容易被学生认可和易于接受的特点，这样就能够潜移默化地对受教育者产生影响，与传统的高校教育相比，这种教育方式的优势是显而易见的。因此，现在西方高校大都会选择这种方式进行思想政治教育，不仅能极大地提高教学效率，而且还能在一定程度上推动学生道德认知水平的发展。

不过，从辩证的角度看哲学，任何事物都有两面性，任何一面都会使得结果存在较大的差异性，甚至两者的发展完全是相悖的。当然，大众媒体的应用方面也是同样的情况。例如，个别人利用大众传媒的手段来达到自己营利的目的，他们为了增加利润，利用广告商，为了提高收视率和发行量，完全不顾及广告内容的真实性和是否健康的因素，只是一味地谋求利益，完全扭曲了大众传媒的本身的功能，以至于错误地引导了部分西方高校的学生的政治生活和意识形态，导致思想教育在大众传媒的途径中向完全相反的方向发展。

第三节　高校全方位思政育人体系的搭建

一、以健全高校思政课程的保障机制为支撑

良好的教学保障机制及认同氛围的构建和营造是一项复杂的系统工程，需要国家相关部门、社会和学校等多方的通力协作和共同努力。

（一）提高对高校思政课程的实际重视程度

国家和高校对高校思政课程的实际重视程度，直接决定着此课程的建设进度和效果。因此，国家和高校要切实提高对高校思政课程的实际重视程度，具体来说，可以从以下两个方面来进行。

一方面，国家进一步健全对高校思政课程建设情况的监督机制，加大对其专

职教师队伍的培养力度。其一，国家目前虽然已实行了对此课程建设情况的抽检和评估制度等，但正在实施的监督制度满足不了对各高校此课程建设的真实情况进行全面了解的需要，国家及相关部门应该进一步拓宽监督渠道，丰富监督途径。如将听取正面汇报与随机核查、明查和暗访、事先通知听课与随机听课相结合等。多途径、多方面的监督有利于全面、真实地掌握高校思政课程的真实建设情况。其二，国家相关部门在下发的《中共中央宣传部 教育部关于进一步加强高等学校思想政治理论课教师队伍建设的意见》[①]中指出："本专科思想政治理论课专任教师要总体上按不低于师生1:350—400的比例配备。"但目前多数高校的此课程专任教师数量都未能达到这个比例，因此，国家要进一步重视马克思主义理论学科的建设和发展，尤其是对师范类高校和此学科的硕士生和博士生的培养。积极培养出一批又一批的高素质马克思主义理论学科人才，可以为满足高校对专职教师的需求提供保障。其三，国家或地方相关部门，要充分发挥自身在协调各高校共享此课程教育资源方面的独特作用，使此课程教育资源作用最大化。针对此问题，国家或地方相关部门要积极探索教育资源共享模式，并做好监督工作。在这方面，作者认为可以借鉴北京市的做法：开设市级高校思政课程——"名家领读经典"。这样既可以充分发挥理论学家的号召力和吸引力，使教育资源作用最大化，也可以激发大学生学习"经典"的自觉性，进而有利于提升大学生学习此课程的积极性。

另一方面，提高高校对高校思政课程的实际重视程度。原教育部部长袁贵仁在2015年12月份召开的全国思政课建设工作会议上强调，各地各高校要坚持综合改革，将办好高校思政课的要求落细落小落实；要真正落实思政课在学校教学体系中的重点建设地位。[②]但是部分高校仍然只是在大方向上按照相关要求来建设此课程，未能把许多细节性的问题真正落实到位。鉴于此，高校应该从以下几个方面来落实细节性的问题。其一，招聘满足教学需求的教师数量，严把质量关，改变现有"大班教学"模式，实行"中小班教学"模式。其二，加大投资，配备足量的现代化多媒体教学设备，同时加强对教师进行现代教育技术培训的力度，确保每位此课程教师都能熟练操作现代化教学设备。其三，纠正相关部门及领导对高校思政课程价值的错误认识，合理安排其上课时间。上课时间安排要尽量符合学生学习能力的变化规律，尽量安排在学习效果较好的上午进行，以进一步提升此课程的教学效果。其四，高校及领导要准确定位和认识实践教学的地位和作用，

---

① 中共中央宣传部，教育部.中共中央宣传部 教育部关于进一步加强高等学校思想政治理论课教师队伍建设的意见.2008年
② 引自2015年12月袁贵仁《全国思政课建设工作会议》

把实践教学真正纳入正常的授课过程。同时，要加强管理，增加投入。实践教学是一种涉及学校多个部门的教学方法，需要各部门给予支持和密切配合。因此，高校及领导要督促教务处、财务处、后勤处和保卫处等相关部门积极配合实践教学并提供足够的经费支持。此外，要积极创建校内外实践场所和基地。充分运用学校的资源，创建校内实践活动场所，如建立模拟法庭，方便大学生进行模拟庭审等；要加强与社会相关单位的合作，建立大学生校外实践基地，选择实践基地时要综合考虑单位性质、工作人员素质等因素，以免对实践效果产生负面影响。其五，习近平总书记在全国高校思想政治工作会议上指出，要用好课堂教育这个主渠道，其他各门课都要守好一段渠、种好责任田，使各类课程与思想政治理论课同向同行，形成协同效应。因此，高校要积极探索此课程与其他类课程的协同教育机制和模式，将大学生思想政治教育渗透于各类课程之中，以潜移默化的形式来提高大学生的思想觉悟和政治素质，进而提高大学生对此课程的认同。

（二）营造良好的思政认同氛围

家庭、社会作为大学生生活和实践的重要场所，其对思想政治课程的态度影响着大学生对此课程的认知。良好的家庭、社会认同氛围的构建可以以润物细无声的隐性教育方式引导大学生对此课程认同。为此，我们可以从以下两个方面来进行优化。

一方面，营造良好的家庭认同氛围。家庭教育对子女具有得天独厚的亲和力和深远持久的影响力，因此，家长要注重家庭教育环境的构建，为子女成长为全面发展的高素质人才提供保障和前提。具体可以从以下三个方面来努力：其一，家长对高校思政课程的态度是子女正确定位此课程地位的重要参考因素，因此，家长要改变传统观念中思想政治课程是"副科"、学不学无所谓的错误观念，树立正确的成才观，正确认识和定位此课程在子女德育培养，和能力提升中的重要作用。其二，刚成年的青年大学生正处于世界观、人生观和价值观养成的关键时期，他们对事物和行为的辨析能力还有待提升，加之他们对家长具有先天的亲近感和信任感，所以非常容易把家长的言行作为他们模仿的对象，因此，家长要严格要求自己，以身作则，给子女的道德培养做好示范。其三，家长要与学校、学院和辅导员建立日常性的交流沟通机制，及时掌握和熟知子女的思想状况和行为表现，一旦发现问题，需要双方共同努力，及时帮助子女纠正错误的观念和行为，保证子女沿着正规的路径前行和成长，同时也能通过这种方式让子女进一步感受到家长对该课程的重视，提高他们的学习动力。

另一方面，营造良好的社会认同氛围。社会风气和社会环境的好坏，影响着大学生对高校思政课程的认同。因此，整个国家、社会和各个部门要协同努力，为大学生养成过硬的思想政治素质和正确的价值观念提供一个良好的社会认同氛围。具体可以从以下三个方面来着手。其一，净化社会不良环境。首先，针对目前社会上出现的非法经营和网络乱象等社会问题，党和政府要进一步加强廉政作风建设，对这些现象严厉打击，完善法律法规和多途径监督机制，打击违反诚信经营、偷税漏税等犯罪行为，加强对网络的监督和管理，以赢得大学生对党和政府的信任，进而增加他们对该课程教材内容的认同。其次，针对严峻的就业形势，党和政府要在想方设法增加就业的同时，进一步贯彻落实"大众创业，万众创新"政策，鼓励有意愿的大学生进行创业，并给予他们最大限度的政策和资金支持，以缓解就业压力。最后，针对不良思想的侵蚀，党和政府要进一步加强国家意识形态安全防范意识，谨防不良思想的冲击。其二，用人单位要注重对应聘大学生思想政治素质的考核，将他们在大学期间的思想政治素质表现情况，以及鉴定评语作为决定是否录用的重要标准，促使大学生重视该课程，增加他们学习此课程的外在动力。其三，党和政府要加强对报刊、影视和互联网等大众传媒的管理，坚持正确的政治方向，大力弘扬社会主义核心价值观，坚持以正确的舆论引导人，以优秀的作品鼓舞人，并充分利用大众传媒传播速度快、覆盖面积广的特点，加大对社会主义核心价值观和体现社会正能量的人和事的宣传力度，以达到以社会主义核心价值观引领社会风尚，以正面人物和先进事迹传递正能量的效果，进而形成良好的社会风气和社会德育环境。

（三）健全高校思政课程的制度保障体系

高校思政课程的有序开展和实效性的提高，离不开完善的制度保障。制度以其指导性和规范性的特点指导和规范着此课程教师的科研和教学；以其鞭策性和激励性督促和激发着此课程教师科研和教学的开展。为此，我们可以从以下两个方面来健全高校思政课程的制度保障体系。

一方面，完善高校思政课程教学督导制度。教学督导制度是高校为更好地贯彻国家的教育方针，改进教学管理，提高教学效果而依据相关政策法规和工作原则及流程，建立的一种学校内部监督和指导制度。督导员通过监控教学过程，掌握教师教学实况并分析总结，及时、客观地向学校相关部门及教师反馈实际教学情况和教学效果，并提出具有针对性的合理化意见和建议，从而保障教学效果和质量。因此，完善、有效的高校思政课程督导制度对于提高此课程的教学效果具有特殊作用。鉴于此，结合当前督导制度存在的问题，高校要从以下三个方面来进一步完善此项制度。其一，要重视督导制度的建立，准确定位督导制度的地位和作用，保证督导制度的权威性和独立性。其二，本着专职和兼职、校内人员和校外人员、已退休教师和工作一线教师相结合的原则，聘用原则性强、具有崇高职业使命感，学识深厚，经验丰富的此课程退休教师为专职督导员，同时，聘请经验丰富、奋斗在教学一线的优秀专业教师和校外专家作为兼职督导员，建立动态的督导专家库。其三，建立校院二级督导体系，这样可以使校院二级督导队伍形成互相配合，从而有利于提高此项制度的实效性；也可以更加全面地把握此课程教学的实际情况，从而提出更加全面、有针对性的改进意见和建议；同时，建立校院二级督导体系有助于学校和思政课程教学部门，有针对性地制订评教标准，配合评教制度的有效实施。

另一方面，健全高校思政课程教师教学评价体系。健全的评教体系不仅可以督促教师的教学，提升他们工作的积极性，也可以通过大学生的评教态度、评教结果的可信度来检验此课程的教学效果。因为大学生的评教态度、评教结果的可信度是大学生思想道德素质和价值观的外在行为表现，在一定程度上反映了此课程的教学效果。当然，评教制度的建立和实施的主要目的，仍然是监督和监控此课程教师的教学情况，督促教师提升教学能力和科研能力。基于这种情况，并结合当前评价制度中存在的不足，特提出以下完善措施。其一，设计结构合理、全面的评价标准。科学的评价标准在设计时应保持与教学目标相一致、操作性要强，要综合考虑多方面影响因素，将教师的实际教学情况、参赛情况和指导学生参加社会实践的情况等纳入评价标准体系，同时在制订学生的评教标准时要符合大学生的认知水平。其二，评价主体多元化，调整各项分值比重。评价主体可以根据评价标准而进行分工细化，如可以结合教学督导制度，增加督导员对教师的评价；教务部门可以建立专门的评教小组，依据标准对教师进行经常性的、不定期的考核，作为学期评教的依据。同时，应该降低学生评教分值在整体评教体系中的比重，提高可信度更高主体的分值比重，比如督导员的评价、教务部门依据相关数据做出的评价等。评教标准的科学化、主体的多元化，可以更加全面、客观地对此课程教师进行评价，并以此结果作为对教师进行奖励的依据，客观公平适度的奖励不仅可以激发受奖优秀教师进一步提升教学能力和科研水平的热情，也可以增加那些教学能力有待加强和科研水平有待提升的教师加强学习的动力。

二、强化高校思想政治教育导向力

（一）推进思想政治教育科学理论中国化

高校是党领导的社会主义高校，务必贯彻和落实党的教育方针和政策，坚持马克思主义为指导。高校引导大学生读马克思主义经典著作的同时，注重与中国的实际相结合，将中华优秀传统文化作为思想基底，实现马克思主义与传统文化的结合。习近平总书记在治国理政中擅长引经据典，在马克思主义中国化的过程中实现了与我国的优秀传统文化相融合。高校思政教育的内容包含了传统文化教育，因此，高校推进科学理论中国化的过程，一定意义上也对高校大学生进行了传统文化的教育。

（二）推进思想政治教育科学理论时代化

任何一种思想的出现都是特定时代的物质世界和精神世界的反射，反射出了时代赋予的任务和要求。推进思想政治教育科学理论时代化，即推进思想政治教育过程中马克思主义理论时代化。马克思主义科学理论能够拥有强大的生命力，历久而弥新，正是因为其不断符合并适应时代提出的新要求、融入时代新元素并回答时代提出的新课题。推进高校思政教育科学理论时代化，是高校面临的新的历史课题，高校思政教育的实效性正是体现在时代化。

首先，高校务必要重视理论内容的创新，紧跟时代发展的步伐，把握时代本质和时代发展趋势。高校对大学生而言是党和国家重要的"传声筒"，是向大学生传达最新理论、政策和会议精神的中间载体。因此，更应重视将党和国家的理论和重大会议精神更新到思政教育的内容中，对于教材内容要做到及时更新并传送到学生手中，对于重大会议精神的领悟，高校应及时开展专题讲座或召开主题活动。

其次，高校的党团建设也应体现时代化的内容。高校党团是共产党人的摇篮，是高校党团建设的重中之重。其工作内容包括对积极分子的选拔、教育与考察、对预备党员的考察，以及对党的路线、方针、政策的宣传和学习，因此，作为思政第二课堂的党团，其内容也应体现时代化精神。

最后，时代化也体现在教育模式、方法和途径的与时俱进。高校应不断优化和改进教育理念、内容、方法及环境，用符合时代的新理论指导学生，用全新的科技媒体辅导学生，用最新的教学方法引导学生，使理论知识更贴合学生生活实际。理论内容和宣传教育手段的与时俱进，极大地促进了高校思想政治教育的时代化，从而体现教育实效性。

（三）推进思想政治教育科学理论大众化

通过教育宣传马克思主义，是马克思主义大众化最基础的方法。马克思主义理论只有被作为社会主体的大众所接受、所理解、所掌握，才能成为改造世界的巨大精神力量。作为指导中国具体实践的科学理论，其根本要求和内在要求就是马克思主义大众化。高校开设的马克思主义理论相关课程，希望通过有计划、有目的的教学活动，使高校大学生理解并接受马克思主义，同时将其内化为自身的一种信仰，指导和影响思维和行为活动。

一方面，在高校思想政治教育中，教育者应将马克思主义理论枯燥乏味的语言，转用生动、形象、诚恳的方式将其内涵传达给学生。同时借助鲜活的案例和感人的事迹，在真实的教育情境中，让学生感悟科学理论的先进性和真理性。

另一方面，高校通过在校报、校园专栏，以及微信、微博公众平台等刊登或发布大众化马克思主义相关内容，以深入浅出、生动活泼的语言文字，将通俗化的马克思主义理论运用于分析当前热点事件和时代大势。

高校思想政治教育大众化，更是国家未来稳定发展的基础。高校培养了无数科技文化精英，他们承载着国家未来发展的重任，将通过与社会的互动对社会各方面的发展产生影响。高校思想政治大众化就是要将马克思主义理论转化为思想武器，内化修养，外化行为、维护社会稳定和国家发展。

三、提升高校思想政治教育服务力

（一）坚持"以学生为中心"的教育理念

高校在进行思想政治教育工作的过程中，应当参照习近平总书记关于意识形态工作的重要论述中的民生论述的观点，在高校思想政治教育中传承和弘扬"以人民为中心"的革命基因。而这一点在高校思想政治教育中，则体现在"以学生为中心"的教育理念上。高校务必树立"以学生为中心"的教育理念，从而强化以学生为中心的服务意识。这里所说的以学生为中心，是指以学生的发展为中心。高校在教育过程中应重视分析学生发展需求和个人需求，务必要在满足学生发展需求的基础上，再去尽力满足个人的需求。在课堂学习中，一方面，以学生为中心的教育理念强调学生要自主学习，可以通过图书馆、网络，以及新媒体等自主查找和搜集相关知识内容，以增强学习的主动性和实效性；另一方面，也强调了协作学习环境的设计，指在教学中将学生以小组课下自主学习，课上协商、讨论的方式，完善和深化对相关知识的学习。以学生为中心并不是意味着学生至高无上，高校还应该坚持"立德树人"，学生的发展需要高校老师的引导。因此，在以学生为中心的思想政治教育过程中，无法忽视也不能忽视尊师重道的思想。在教育过程中，要坚持思想政治教育的层次性原则，根据不同学段学生的思想需求和知识储备，制订不同的教学计划，运用多样化教学方法，促进教学活动贴近学生实际，提高学生学习的主动性，达到教育效果。

（二）推进向"双主体"教育模式改革

"双主体"教育模式是指在教学过程中，既兼顾学生在学习中的主体地位，又重视教师的课堂引导作用。"双主体"教育模式于传统教育模式而言，在学生角色、教师角色、教学方法和内容，以及教学媒体等方面都发生了相应变化。

首先，由于教师的思想政治知识理论水平远高于学生，对课堂的积极性和主动度相对较高，因此在传统教学模式中教师居于课堂的主导地位。学生因思政理论枯燥乏味、对思政知识认同度低等原因，作为课堂学习主体的参与度相对较低。"双主体"教育模式的核心是强调学生的自主学习，使学生通过多样化获取知识的途径对客观事物产生认识，提高学生学习的主动性，教师作为另一主体，发挥着引导和指正的重要作用。

其次，该模式强调建立平等的师生关系。一方面，高校应通过以学生为本的教学理念，逐步提高思政教育的亲和力和说服力，建立起学生与老师平等沟通的关系，使课堂教学进程当中的施教与受教育主体双方，都能平等地参与到教学过程中；另一方面，高校应建立师生使用教学载体的平等关系。"双主体"课堂教学中，作为教学载体的黑板、电子课件等不仅是为教师教学提供教学帮助，同时也是学生主动学习的主要载体。在学习过程中，学生也拥有对教学载体的使用权利。

最后，完善教育反馈机制。良好的反馈能够促进教师更好地教学、学生更好地学习。教育者和受教育者应通过网络等科技平台对已学知识进行反馈，通过反馈，教育者可以根据受教育者情况的变化，灵活地改变教学内容和教学方式，而受教育者也可以在知识层面进一步提升。通过线上线下双面强化思想政治知识、深入知识体系沟通，使教师和学生进入同一个层面，更好地促进课堂教学。

四、增强高校思想政治教育渗透力

（一）倡导理论联系实际的马克思主义学风

中国共产党一贯坚持理论联系实际的马克思主义学风。学风建设自党成立以来就被视为重中之重，毛泽东指出，学风反映出全党对待马克思列宁主义的态度，也反映了全党的思想和工作问题，因此，学风问题显得尤为重要。毛泽东还高度强调了理论联系实际的学风对于我党发展的重要意义。马克思主义学风对于中国共产党而言是一个充满政治性的学习活动必要条件，是中国共产党纯洁性的必要前提。习近平同志强调，我国是中国共产党领导的社会主义国家，这就决定了我们的教育必须把培养社会主义建设者和接班人作为根本任务，培养一代又一代拥护中国共产党领导和我国社会主义制度、立志为中国特色社会主义奋斗终身的有用人才。[①] 对于高校而言，学风的建设是提高高校人才质量的根本保障，良好的学风不仅规范着大学生的学习行为，更能够在潜移默化中影响大学生"三观"的树立和日常的行为方式，影响和决定着高校人才的培养成效。思想政治教育的内容就是政治性的体现，其主要内容就是马克思主义相关理论，以及马克思主义与中国实际相结合的成果。因此对于高校思想政治教育而言，应大力弘扬和推进马克思主义学风的建设。理论联系实际是马克思主义学风的灵魂，因此，高校务必要重视将课本理论知识与学生能够接触和感受到的实际生活相结合。同时可在校园开展活动，让理论知识在课外的实践中得以体现，使高校思想政治教育充分融入学生实际生活。要培养学生理论联系实际的自觉性和习惯性，建立良好的社会主义现代化时代化的学风，从而提升高校培养高质量人才的能力。

（二）发扬求真务实的马克思主义作风

求真务实的工作作风，在高校体现在党员干部的工作作风，以及学生干部群体的日常工作作风。

一方面，高校领导干部思想作风是影响高校形象和高校人才培养质量的重要内在条件，是其政治素养、道德品质的具体表现。高校领导干部务必须自觉学习和不断深化对党的路线、方针、政策的学习和思考，在工作中坚持解放思想、实事求是、与时俱进、开拓创新的思想，将科学的思想内化为自身修养，外化为言行举止，将思想理论与学校工作的实践紧密结合。在高校工作中，务必要以全局为重，办事和对问题的思考务必站在学校的全局高度，以学校的改革和发展为重

---

① 引自2019年习近平主持召开学校思想政治理论课教师座谈会

任，以师生利益为中心，坚持履行好为高校师生、高校全体教职人员服务的基本职责，提高服务能力和师生满意度。

另一方面，随着高校校园文化的开展，我国高校的学生干部群体也日益壮大，且多数为党员干部，因而求真务实的工作作风也体现在学生干部的日常工作。在学生干部工作中，存在比较明显的问题，当前部分学生干部个性较强且多为独生子女，因而在学生工作中个人主义思想较为严重，有些学生干部甚至党员意识淡薄、理想信念模糊，影响了高校学生干部工作作风。

因此，高校要严格对学生干部进行选拔，以公平、公正、公开择优的原则选取学生干部；通过定期例会或述职等方式，在了解其工作状态的同时传递为学生服务的意识；要加强学院之间学生干部学习交流，提倡开放型学生领导队伍，实现校内各学院资源共享的良好态势。以此保证学生干部的绿色积极的工作作风，保证学生干部队伍风清气正。

五、提升高校思想政治教育环境优化力

（一）共享网络思想政治教育微资源

随着互联网技术的不断发展，网络已然成为意识形态斗争的重要场地。在这样的情势下，对于意识形态安全工作的思考已经无法将网络置之度外，必须引起高度重视。网络以其自身快捷化、便利化、多元化的优势吸引着大学生的关注，网络衍生产品如网站、论坛、App等成为大学生获取资讯和信息的主要途径。这类网络产品大部分通过简短的文字或视频形剪辑，将复杂的社会性事件传达给大众，而大众无法通过其了解和掌握事件的全部信息，很容易被编辑者的思想所左右。高校大学生"三观"还未完全成熟，思想理论素养还有待提升，这样的网络资讯对大学生造成了信息的片面化、碎片化认知，对大学生的思想很不利。对此高校应重视并警惕校园环境的变化带来的影响，将校园网络环境的发展了然于心，清晰把握思想政治教育在网络环境下的机遇和挑战，从而做出有效应对措施。面对网络环境下的高校思想政治教育工作，对于社会教育资源，需要教育部门整合挖掘高校网络信息资源，支持和推进国家思想政治教育门户网站的建立建设，站在国家教育层面，向网络输出源源不断的专业性、丰富性、及时性的思想政治教育资源。各级高校在结合办学理念和校园文化的基础上，创办和发展本校思想政治教育网络平台，将思想政治教育内容以学生喜闻乐见的方式，如微电影等，通过网络平台传递给学生，实现网络思想政治教育的隐性功能。另一方面，在传递社

会新闻讯息时，高校思想政治教育工作者务必具有较高的政治敏锐性，及时关注社会焦点信息，灵敏地嗅到校园舆论的导向，并给予学生正确客观的政治性引导。通过校内校外两方面网络思想政治教育的规划，必然能够实现思想政治教育的强大合力。

（二）加强校园网络环境的舆情预警

在网络环境下，思想政治教育不仅仅需要校内外资源的强力整合，同时也需要在制度上给予监管和约束，这就需要政府、高校，以及学生自身的共同努力。对于政府而言，应不断完善网络信息管理法律和网络管理制度，对高校大学生的网络言行给予制度化的管理和规范。

对于高校而言，首先，要建立健全校园网络监管体制机制，以及思想政治教育平台网络舆情预警机制，加强同国家网信部门及公安部门的联系，从而形成从网络技术到网络内容、从日常网络安全到打击非法网络信息的监管合力，为高校建立健康化网络环境提供坚实的制度化基础。

其次，加强校园网络信息管理者的政治舆情敏感度，从而对高校网络平台的信息进行全方位监管，有效规避和解决网络病毒、网络低俗信息带给大学生思想意识上的干扰和威胁，保障校园网络环境清净，营造相对安全稳定的教育的隐形环境。

再次，在校园日常学习和实践活动中，教师应加强对学生进行网络安全教育的力度。一方面授课教师在课堂知识内容讲授中穿插大学生电信网络诈骗真实案例，以口述或视频的方式让学生感受网络环境中存在的危险，提高大学生电信网络安全意识；另一方面，辅导员在日常管理中应通过QQ、微信班级群的方式，发布有关于电信网络诈骗的宣传教育内容，也可以开展电信网络诈骗主题班会、专题讲座，以及情景演绎等活动，提高学生对于电信网络安全的警觉。

最后，大学生自身应不断提高和强化对于网络信息的自我辨识，和对网络运用的自我管理能力，提高思想政治素养，从根源上避免网络带来的负面影响。高校应高度关注容易引起校园舆情的敏感性事件，通过举办校园活动或主题班会的形式，呼吁大学生理性思考和判断，以此做好校园网络舆情的防御工作，从而使校园微平台，更好地为高校思想政治教育提供潜移默化的思想引导和便利的教学体验。

（三）推进社会、家庭和高校协同育人

高校思想政治教育的开展需要考虑环境的影响，既要考虑到校园环境对于学

生整体素质的培育作用，更要考虑到社会和家庭环境给学生思想意识带来的深刻影响。就社会层面来说，政府对于社会环境的调控对高校思政教育而言意义重大。政府应不断整合社会各子系统，出台相关的法律法规和政策，从而保障高校思想政治教育社会大环境。如面对各公务员单位考试政治"重智轻德"的招考现状，以及社会就业大环境日趋严峻的情况，政府应出台相应的制度，以彰显社会对于思想政治德育的重视，从而改善大环境，助力高校思想政治教育向着更加积极有为的方向发展。

高校开展思想政治教育工作也应该兼顾家庭环境的影响。就家庭层面来说，家长的言行举止会对孩子的思想行为产生深远而持久的影响，家庭成员的思想政治情况直接影响着学生的政治立场、思想意识和价值选择。因此，家庭成员一定要做到言传身教，通过自身的实际行为产生潜移默化的思想教育效果，在对孩子进行正面理论教育的同时，用实际行动为孩子做示范、为孩子树立榜样，达到家庭思想政治教育的最佳成效。改革开放四十年来，我国涌现了大量的优秀人物和事迹，可以将其运用于思政教育的过程中，以生活化的方式讲给孩子，发挥榜样的教育影响力，帮助孩子树立正确"三观"，形成对社会主义的正确认知，坚定对马克思主义的信念，从而让高校的思想政治教育工作和实践也能更为顺利地推进。社会、学校和家庭不仅需要在教育内容上寻求共性，更需要构建强大的合力系统，推进全程、全员协同育人。尤其是学校和家庭之间，应形成相对连贯性的交流过程，实现课上课下、校内校外的良好互动和反馈模式，从而探求思想政治教育的最佳成效。

六、发挥高校思想政治理论课课堂主渠道作用

（一）利用课堂强化意识形态教育

利用高校思想政治理论课教学强化接受主体的思想意识，需要传授主体对网络舆论进行着重引导，特别是社会影响重大、比较特殊的事件。传授主体可以主要从突发事件、社会热点、社会思潮三方面对接受主体的意识形态进行强化。其目的在于用积极的舆论、理性的声音疏导接受主体的思想和行为，引发接受主体对社会现实的分析、思考，使接受效果得以最大化的实现。

为加强意识形态方面的教育，应主要从以下三方面着眼。

1. 引领接受主体对社会思潮的关注

针对当前我国社会出现的几种思潮，传授主体必须要将其正确归类，并能够做到正确区分不同社会思潮的利与弊。因此，在高校思想政治理论课上，传授主体必须要帮助接受主体明辨这几种社会思潮，并反复强调马克思主义在我国始终占据意识形态的主导地位，坚持用马克思主义科学理论对接受主体进行意识形态的教育。同时，传授主体还必须帮助接受主体抵制不良思潮的侵袭，对于出现的错误思潮要时刻保持头脑清醒，将接受主体引向正确的思想方法，以提升接受主体的思想意识，提高接受效果。

2. 促使接受主体对突发事件的关注与分析

突发事件特别是国内外重大突发事件所具有的突发性、震撼性及时效性，对于培养接受主体正确认识事件本身及主流意识具有重要意义。因此，高校思想政治理论课传授主体必须要对突发事件有灵敏的反应，在事件发生后能立即做出对事件的分析，并以积极的态度向接受主体传授对突发事件的正确认知，因势利导地向接受主体传授事件的产生、过程及后果，以加强接受主体对主流思想意识的接受。

3. 积极引导接受主体关注社会时事热点

社会时事热点可以从某种角度折射出媒体、大众的情感、态度、价值观，也可以映照出当前社会意识形态观念。从某种意义上讲，积极引导接受主体对社会热点的关注是加强意识形态教育的重要途径。因此，传授主体在进行高校思想政治理论授课过程中，应及时发掘并认真选取社会热点，在课上深入分析热点产生的前因后果，对于热点中出现的矛盾，应帮助接受主体找到看待问题的正确角度，并协助其运用网络合理地表达自身价值诉求，提高自身素质，提高接受质量。

（二）强化高校思想政治理论课教学话语权

高校思想政治理论课话语权，既包括思想政治理论课课堂中传授主体的话语权，也包括接受主体拥有的自我表达权。传授主体的话语权是指传授主体运用接受主体适应的话语，来表达高校思想政治理论课接受内容，以及尊重接受主体的话语表达权。接受主体的话语权是指在课堂接受过程中拥有表达自己话语的权利。进一步强化高校思想政治理论课教学话语权的目的在于，通过处理接受主体、接受内容、话语表达之间的关系，建立接受主体、传授主体之间良好的话语关系，营造积极、和谐的思想政治理论课课堂，从而改善高校思想政治理论课接受效果。

发挥高校思想政治理论课教学话语权应该做到以下两点。

1. 传授主体消除自身存在的课堂话语霸权

一方面，传授主体应该从自身角度出发，改变自身在接受活动中存在的话语控制形象，改变接受活动中不容置疑式、命令式的话语表达形式，把接受主体视为接受活动中具有平等话语的个体，合理分配接受活动中话语权，实现接受活动中人人都可以参与话语讨论，拥有表达机会；另一方面，传授主体应给予接受主体质疑自己的权利，促使接受过程中不同思维方式产生不同的话语表现成为可能，实现接受过程话语共享。

2. 增强接受主体高校思政课话语参与意识

接受主体话语意识的增强需要接受主体、传授主体双方共同努力，在传授主体尽自己努力打破接受过程话语割裂的现象的同时，需要接受主体主动把握寻求课堂教学环节的话语权利。传授主体在接受过程中应鼓励接受主体要敢于言说、勇于言说，以培养他们拥有充分展现自我的勇气。同时传授主体需要了解接受主体的话语体系，尊重接受主体以话语形式表现出来的课程思维成果。

（三）发挥传授主体在高校思政课的人格魅力

传授主体的人格魅力体现在气质、才能、品德等方面，具有无形性、非强制性、渗透性的特点，是教育工作中师生互动展开的基础，是传授主体自身所具备的能够吸引、影响接受主体的品质。发挥传授主体的人格魅力有利于吸引接受主体的注意力，凝聚课堂力量，活跃课堂气氛，提升教学效率，提高接受效果。

发挥传授主体在高校思想政治教育课堂的人格魅力应该做到以下几点。

1. 建立完备的知识体系

完备的知识体系是传授主体展现自身人格魅力的源泉，只有学识渊博、才华横溢的传授主体才能实现自己人格魅力的最大限度发挥，使接受主体愿意亲近，愿意沟通。高校思想政治理论课传授主体需要具备完善的马克思主义理论学科知识体系，以及丰富且具有体系化的教育教学知识。完备的教育教学知识体系包括教育心理学知识、教育教学基本规律、人文社会科学知识、教学方法知识、社会实践知识。

2. 提高传授主体的综合实力

综合实力是传授主体发挥自身人格魅力的关键，接受主体倾向于靠近能力强的传授主体，愿意听取他们的看法、接受他们教育。因此传授主体必须积极参与各项活动，从各方面丰富、锻炼和完善自己，努力提高自身综合实力，使自己具备良好的文字功底、语言表达能力，以及灵活应变、凝聚人心的能力，以增强自身的人格魅力。

3. 培养自身高尚的道德情操

高尚的道德情操是传授主体发挥自身人格魅力的基础，只有让具备高尚道德品质的传授者讲解道德，接受主体才能信服。传授主体必须加强自身品格与道德建设，积极遵守社会公德，投入完善自身道德素质的实践活动，提高自身涵养、以身作则，用自身具备的高尚情操去影响和感召接受主体。

4. 建立关爱接受主体的良好情感

传授主体的人格魅力首先来自善意和慈爱，在思想政治理论课接受过程中，传授主体需要努力探寻爱的真谛，用爱去包容发展水平、性格、能力等方面各有差异的接受主体，用真挚的善意打动接受主体，真正走进接受主体，了解接受主体。

七、利用网络平台开展丰富多样的理论课教学

（一）利用网络的现代性特点

利用网络的现代性进行高校思想政治理论课，把接受活动与网络这一新的载体和时代特征连接起来，实现高校思想政治理论课接受的网络化。利用网络的现代性特点引导接受主体关注积极向上的信息，并且在潜移默化之中形成良好的思想品质，从而实现高校思想政治理论课接受效果的提高。

利用网络的现代性特点提高思想政治理论课接受效果应该做到以下几点。

1. 利用网络的广融性

网络的广融性内含网络信息横向拓展与纵向深入两方面。横向指知识型与价值型信息的广布，旨在强调信息的本原与评价性认识；纵向指知识的历史包容性，强调不同时间点的信息能同时在网络中出现。随着现代化技术的不断革新，网络的广融性特点不断深化。网络的广融性导致接受主体面临的海量信息良莠不齐、真假难辨。但也正是信息的繁杂多样，可以促使接受主体能够找到感兴趣的话题和所需的文章与数据。为了使接受主体能够准确筛选出有用的、积极的信息，在接受活动中，传授主体应适时传授网络信息鉴别技巧，并强调负面信息的危害性，让接受主体在积极向上的价值观引导下，有效避免不良信息侵害，并找出符合自身需求的相关内容，以促进其在网络大潮下提高自身接受效果。

2. 利用网络的开放性

现代化网络使地球成了"地球村",网络信息的开放性也为高校思想政治理论课接受主体带来了便利。跨地域、跨时限的人际交往成了现实,打破了传统人与人面对面才能实现沟通与互动的狭隘界限。通过互联网,接受主体可以通过比照他人的有益言行,自我反省与群体言论的差异所在,查找自身言行的不足与缺陷。同时,当网络中出现与主流价值观相悖的言论时,接受主体亦能通过自我警醒,查找自身是否存在此类思想倾向,对于可能出现的苗头予以遏制。为更好地引导接受主体在网络开放背景下实现内省,提高接受效果、接受质量,传授主体在高校思政理论课堂中必须教育接受主体分清是非曲直,以及培养其维护自身合法权益的能力,帮助接受主体更加灵活地运用网络信息,提高自身思想素质,提高接受效果。

(二)加强校园网络文化建设

网络文化正在成为高校思想政治理论课接受的重要表现形式,加强校园网络文化建设的目的在于利用网络、使思政课更容易被接受主体接纳,使接受内容更易于被接受主体吸收,满足接受主体日益增长的精神文化需要,改善高校思想政治理论课接受效果。

加强校园网络文化建设应该做到以下几点。

1. 培养校园网络文化建设的管理人员

在网络迅速发展的社会背景下,培养一支具备较高政治理论素养,且精通高校思想政治理论课传授工作、网络技术的校园网络文化管理人员,是利用网络文化开展传授工作的保证。传授主体需要积极参与理论学习、实践锻炼,从而使自身具备较强的信息分辨意识、高超的信息处理能力、高尚的信息伦理道德,增强自身的信息素质,使自身符合校园网络文化建设管理人员的要求。

2. 以马克思主义为指导进行网络文化建设

校园网络文化建设应坚持以马克思主义科学理论为指导,坚持正确的价值引导。传授主体在网络工作要坚持教育和引导的正确性,积极宣传党的方针政策,在国内外大事描述和评论上、对西方社会思潮的辨识和批判上,坚持道德底线、法律底线、政治底线,并致力于弘扬优秀的民族文化,使接受主体在这一系列的高校思想政治理论课接受活动中,进一步树立民族认同感和自豪感,提高自身的思想素质,提高接受效果。

3. 搭建高校思政课接受网络文化体系

要想加强网络服务于接受活动的功能，必须做到以校园网页为主体，各部门的特色网页为基础，构建全方位、立体化的网络文化体系，通过"新闻专题""时事政治""红歌点播""主题活动""名家点评"等栏目，建立积极向上的校园网络文化氛围，增进接受主体对校园网络文化的关注，并以此为基础及时报道高校思想政治理论课接受活动最新动态，积极引导接受主体参与其中，将校园网络文化与高校思想政治理论课接受活动相融合，润物细无声地进行传授活动。

第三章 大学生思想政治教育的教师队伍建设

本章的主要内容为大学生思想政治教育的教师队伍建设，我们依次介绍了三个方面的内容，分别是高校思政教师的角色定位、教师队伍建设理论体系和教师队伍建设有效策略。期望能够通过讲解，提升大家对相关方面知识的掌握。

第一节 高校思政教师的角色定位

高校思想政治理论课教师角色定位系统，由角色原则、角色目标、角色内容、角色方法、角色途径等多个彼此联系又相互制约的部分构成。在这其中角色定位的目标即预期规定思想政治理论课教师的角色实行结果，明确教师履行和承担角色权利与义务是为了什么，可见角色定位的目标是整个高校思想政治理论课教师角色系统的核心和灵魂，角色定位的内容、方法和途径无一不是为角色定位的目标服务的。角色定位的内容，方法和途径都是作为联结实现角色目标的中介。由此可见，根据发展需要进行活动是人的特征，合乎目标和规律是人的本质。基于此，只有作为高级知识分子的高校思想政治理论课教师在角色定位时明确目标，新时代高校思想政治理论课教学改革才能真正成功。

一、由个体推进向整体突破的变化

为了更好地落实全国高校思想政治工作会议精神，在教育教学全过程中贯彻思想政治工作，充分发掘思想政治理论课的育人功能，新时期高校思想政治理论课教师在自身角色目标定位中，要由以往的个体推进向整体突破转变。主要表现在以下两个方面。

（一）教师要做教学资源的整合者

新时期高校思想政治理论课教师在授课中，要把课程设计成专题的形式讲给学生，而不是一节节地讲给学生，要树立整体性观念，由以往的就某一个单一性知识的解读，转变为引入整体性的观念。如果把上好一堂思政课比作打好一场战役，在思政课教师设计的战略中就应注重整体性的联动。新时期，高校思想政治理论课教师要用心做好课前的准备性工作，在教学过程中丰富所讲的内容，并能及时做到课后认真的总结和反思；在备课时不能仅是单一性的背教材、背课本，而应收集并查阅与课程内容相关的、有用的案例和素材；把教学体系、内容、方法形成一个整体性的安排，从整体上安排和分配好学时；思想政治理论课教师还要有效梳理、关联和整合每一章节内容的知识点与重难点；每一堂课及讲授的每一个知识点，都要有具体可操作的方案；运用多种教学方法和教学性技术手段，甚至到课上给学生浏览的每一页多媒体图片，每一个教学用具，以及教师的衣着都要有一个相关的整体性的准备和设计。教师要有充沛的精力、富有吸引力的肢体语言、饱满的热情在角色目标整体联动中，把课堂教学带入更高的层次和境界。

（二）灌输与渗透整体相结合

以往高校思想政治理论课主要是对学生进行单一性的马克思主义理论的灌输和教育。通常是教师在上面讲，学生在下面听和记，教师很少问学生的意见和观点。教师运用语言和板书向学生传授知识，这种传播知识手段的单一性很难使学生真正感悟到马克思主义理论的魅力。这种单一性的灌输使学生在学习过程中没有思考，实际是一种将学生拒绝在教师思想之外的教学，效果是非常不理想的。高校思想政治教育既是一种涵盖理论，又是一种涵盖历史和文化魅力的交往活动，是思想政治理论课教师与学生在相互交流中的一种心灵活动。新时代在进行课程灌输时更应注重启发性，只有学生主体主动地去学习，才能形成能动的认同和认知，并内化为自己的需要，所有教师"以自我为中心"被动地对学生进行灌输和移植的教育活动都是失败的。在注重启发的灌输的同时，还应与渗透相结合，在渗透时注重贴近学生的生活和学习。渗透是无声地向学生的心理渗透，在网络技术时代向网络环境渗透，向社会大环境渗透。在润物细无声地渗透中打开学生心灵的窗户，吸引学生的注意力，唤起学生学习的动力，在生活和学习的点点滴滴中适时适度地给予学生点拨和提醒，使其智慧生成，成为合格的新时期的社会主义建设者和接班人。思想政治理论课教师的主要任务就是对学生进行教育，但其在思政课教育中经常有很多脱离学生生活和实际的做法，因此，教师在角色目标定位中还应注意将显性教育和隐性教育整体相结合，贴近生活和实际，注重挖掘生活中的思想政治教育案例。当前思想政治教育中思想政治理论课教师重视的都是显性教育，即思想政治理论课教师对学生直接并公开地进行意识形态教育的方式。隐性教育则是教师在不同环境中，通过一种潜移默化的方式引导学生全面发展的教育性活动及过程。因此高校思想政治理论课教师在显性教育的同时，也要将生活元素引入到思想政治教育中，让学生在不知不觉中受到教育和熏陶。可以通过组织学生观看影视作品、组织演讲、进行班级式的小组讨论、参观革命基地等活动，将思想政治教育渗透到生活的方方面面，通过整体性的、细致入微的教育让学生感受到社会主义制度的优越性。

二、由知识培育向价值培育的变化

党的十九大明确指出，要培养德智体美全面发展的社会主义建设者和接班人。把"德"放在首位，体现了在教育中人的德行的重要性。而"德"的培育不仅仅是单靠理论知识的传授就能实现的，最主要的是教师要成为学生成长道路上的引导者，重视对学生的价值培育，帮助其树立正确的价值观，具体在教育教学中需要做到以下三点。

（一）知识性与价值性相统一的思政课教学

高校思想政治理论课作为一门课程需要对学生提供成长的知识性需要，作为一门意识形态性的课程其目标是培养学生的价值，实现教育育人，这也是高校思想政治理论课区别于其他人文学科和自然学科的本质所在。因此，新时代高校思想政治理论课教师在角色目标定位中需要秉持知识培育与价值培育双向并进的目标。新时代思想政治理论课教师的工作以育人为主，思想政治教育作用的领域是人的思想领域，作用于人的思想世界，对学生进行价值观教育，要求教师用自身的思想才能触动学生的灵魂，所以说教师的使命不只是理论知识的培育，课程也不仅是知识性的课程，本质上是具有育人属性的。思政课教师的角色目标中肩负着立德树人的责任，既要做好理论知识和思想的传播者，又要塑造学生的灵魂、价值乃至生命。新时代，思想政治理论课教师在讲授知识中既要揭示其理论的学术性和科学性，又要充分发掘理论深层次的价值性，只有知识性与价值性相统一，才能使思政课变的有吸引力和说服力。这就要求思想政治理论课教师一方面要讲透马克思主义理论的科学性，一方面要挖掘课程的价值性，让学生接受有价值的思想。

（二）构建新型教师和学生的关系

新时代高校思想政治理论课的师生到底是一种什么样的关系，这是一个非常重要又常常被我们忽略的问题。传统的以教师为中心的理论知识型课堂模式，在新的时期易让学生产生排斥心理，从而造成教师和学生之间的情感疏离，所以显然这种课堂模式已经不适合了。教师单纯以知识为目标的角色定位，使"90后"和"00后"大学生产生了厌学问题。因此教师不但需要灌输理论知识，还应该从自身做起，身体力行地将理论内化为学生的自觉行动和价值选择，并引导与启发学生思考。真正能打动人的永远是面对面的交流和探讨。因此，要构建以学生为中心的师生关系，在教学过程中以问题为中心开展讨论，师生在平等的对话和交流中、在思想的答疑与碰撞中贴近学生的灵魂，真正使知识培育和价值培育同时发挥作用。

（三）构建知行合一的教师角色目标

思想政治理论课教师要继续做好理论知识的传授者、政治方向的引领者的角色，帮助大学生构建知识体系，在理论知识培育的过程中还应培育学生的人生价值，即正确的价值观和健全的人格，达到知识育人和价值育人的目标。思想政治理论课教师在教学中不能简单机械地把理论或概念进行嫁接，应把学生需要的"盐"，加入思政课这碗"汤"里，从而调制出一碗"育人好汤"。所以不能仅仅为了吸引学生的眼球而讲述市井见闻、灌输没有理论内涵的精神鸡汤，这样既达不到知识育人的目标也达不到价值育人的目标。在新的历史结点上，要求高校思想政治理论课教师要有扎实的理论基础，掌握前沿的知识，做到知行统一。一名优秀的思想政治理论课教师要以知促行，以行促知，在知行合一中利用有声语言和无声语言做好新时期学生知识培育和价值培育的工作，引导学生立德成人，坚定对社会主义和共产主义的信念，增强道路自信、理论自信、制度自信和文化自信。

三、由学生发展向社会需要的变化

新时代实现中华民族伟大复兴的中国梦的关键在于青年一代，其中坚力量是当代大学生，大学生有无社会责任感直接与建设中国特色社会主义事业息息相关。高校思想政治理论课在于树立大学生正确的世界观、人生观和价值观，思想政治理论课的目的在于培养德智体美全面发展的学生，更重要的是要使大学生具有强烈的社会责任感。目前一些高校思想政治理论课教师对自身角色目标认识不清，认为仅仅是给学生讲明白理论问题就可以了，仅把学生培养成一个"科学家"就是成功了。其实很多理论在讲授的过程中学生根本没有入脑、入心，社会责任感的培育就更谈不上了。那么什么样的思想政治理论课教师才是成功的呢？应该是能把学生培养成"科学大家"，使其既具有渊博的理论知识，还具有高尚的道德品格；既能自我满足，又能满足社会的需要。为此新时代高校思想政治理论课教师需要做到以下三点。

（一）高校思政教师要关注学生的全面发展

教师要关注学生各方面发展的能力，学生的组织能力、协调能力、学习能力、创新能力、交往能力、研究能力等需要全面发展，要在充分考虑学生的需求、兴趣及爱好的基础上，重视社会对学生的需求。因此要，在教学内容中厚植爱国主义情怀的教育内容，把爱国的情怀自觉地融入社会主义现代化建设中，实现民族伟大复兴的奋斗中。首先，教师在目标定位中要教会学生做人。任何教育中教师都要先教会学生如何做人，要帮助其养成健全的人格，为将来走向社会做好基础，才能满足社会对人才的需要。其次，要教会学生做事。教会学生如何钓鱼比给他多少鱼都重要，因此要使学生学会分析问题，解决问题的方法。再次，要教会学生学会团结合作。社会需要的是懂得合作的人才，合作也是走向成功的基础，以小组合作学习的方式在合作中提高自身的能力，在帮助他人中更好地成长。最后，要教会学生学会创新。一个民族、国家和社会发展的核心是创新，创新能力也是一个人成功的关键，社会需要创新型人才，所以新时代高校思想政治理论课教师要培养学生的创新精神、创新意识和能力，为社会实践奠定基础。

（二）思政教师要具有"五育"并重的理念

新时代高校思想政治理论课教师要使学生的发展满足社会的需要，就要求教师在教学目标中要具备"五育"并重的理念，即德、智、体、美、劳并重的意识。新时代思想政治理论课教师在角色定位的过程中，自身要先应增强德育的自觉性，把德育渗透到思政课教学的全过程，使学生的发展符合社会的需求。社会还需要在某一领域具有过硬专业本领的人才，所以还要以知识培育为基础，没有理论知识的传授，高校思想政治理论课就失去了应有的意义。思想政治理论课教师要把理论给学生讲好，自身先要有扎实的理论基础，通过角色扮演帮助大学生理解理论的魅力和精髓，在与学生共同学习热点、重难点问题中，提高学生的理论水平，满足社会的需要。高校思想政治理论课在对学生教育过程中也是一个相互协调和渗透的过程。其中美学的元素在思政课教学中也具有非重要的作用，"人也是按照美的规律来构造。"思想政治理论课教师要具备美学的理论，在角色扮演中成为美的化身。教师在角色扮演中要把美学的观念引入思政课教学中，使高校思政课教学成为一门艺术。教师在教学过程中要通过语言和行为的美感来感染学生的心灵，引发学生的共鸣，让学生在感受美、享受美的过程中，具备心灵美，带入灵魂最深处的东西是颠之不破的。高校思想政治理论课教师在角色扮演中坚持德育、智育、体育、美育、劳育五育并重的理念，增强了大学生的社会责任感，深化了思想政治理论课教育和教学效果。

（三）思政教师要确定具有针对性的教学主题

思想政治理论课教师角色目标定位时，应把学生全面发展与适应社会需要结合起来，满足学生未来的就业需要。就业是民生所需，国之大事。高校大学生就业已从计划经济时代的分配到现在的双向选择、自主择业，高等教育也成了大众化教育，每年越来越多的学生挤在毕业就业的桥上。为此，高校思想政治理论课教师要针对大学生的就业现状，在思想政治理论课教育中以马克思主义中国化就业理论和劳动理论为指导，并根据我国经济社会发展需要，引领大学生走在时代前列，通过多种方式提升自身价值，满足经济社会的发展需要。在关注学生发展需要的同时，关注社会需求的变化，随时调整教育教学工作中的侧重点。高校思想政治理论课教师面对的是不同的教育主体，有研究生、本科生、专科学，有理工科的学生、有人文学科的学生，针对不同层次、不同学科学生的特点有侧重的选择教学内容。例如，以"毛泽东思想和中国特色社会主义理论体系概论"这门课程为例，如果教师的教育对象是专科层次的学生，则要选择与学生实际相关的理论和难度不大的内容；如果面对的是研究生和本科学生则要侧重于理论难度偏大的，有一定深度的，能够尽可能发挥学生想象力的内容。针对不同专业的学生有所侧重，可以促进学生发展真正的与社会相适应，满足社会的需求。如果是师范类的学生，教师则要以一名未来教师的标准要求学生，在教育教学中给学生更多的平台和机会，让其早日与未来职业角色接轨，满足社会的需要；如果是理工科的学生，如数学、化学、工科的学生等，教师要在教育教学中给学生创设各种环境和条件，让学生在实践中、在亲自动手的感悟中成为社会需要的人才。高校思想政治理论课教师要有针对性地对待不同专业和学科的学生，在学生全面发展的同时，结合社会需要，在教学中注重实践教学，在学生动手解决实际问题的过程中，满足社会对大学生的需要。

第二节 教师队伍建设理论体系

一、高校思政教育师资队伍建设的时代背景

随着经济全球化进程的不断加快,当前国与国之间,无论是在经济、政治,还是思想文化方面的联系都日益频繁。交通和通信等方面的飞速发展,进一步打破了各国间的交流屏障,促使各国之间的交往、交流、交融不再受地理位置的限制,极大地缩短了国家之间的空间距离,各国之间逐渐形成了"你中有我,我中有你"的发展格局。这种发展格局,促成了各国文化百花园的竞相争艳,它们之间相互交流,相互传播,相互碰撞,又同时保持着各自的文化特色与文化属性。我们要认识到思想文化领域的这种交流、交融是时代发展的必然,更要清醒地意识到文化的交锋是走向开放必然经历的阶段。这种交锋是无法避免的,它的存在是客观、复杂的,是受到地缘、历史环境等多重因素影响的。

随着全球化进程的不断推进,加之互联网的高度普及,在校大学生接收的信息更加复杂,对高校思想政治教育也提出了更高的要求。高校是一个非常复杂的信息集散场所,不同的思想和文化交汇,在意识形态方面形成多元化趋势,如果思想政治教育不到位,社会主义的发展道路就会受到动摇。从学生层面来说,当前文化交流、交融、交锋的过程,为我们带来多元化的价值观念,同时也给我们带来了一定的挑战。那么如何在这种交锋中保持清醒认识,如何做出正确价值判断,于我们而言是至关重要的。

新时代高等学校的思政课教师迫切需要强化自身的各项技能,提高自己的专业水平,拓展自身的视野与眼界,提升自我的政治站位。所以说,思政课教师是否能在复杂的外部环境中坚守住自己的理想信念很关键,能否真正做到"在马言马"的职业操守,这也是一个严峻的时代挑战。

二、影响高校思政教育师资队伍专业化建设的因素

(一)社会转型,使教育不可控因素增多

社会转型利益多元化使得思想政治教育的不可控因素增多,大学生的价值观和行为选择在社会转型的冲击下,面对复杂的社会、科学和技术的快速发展,出

现了思想多元化，多变性的特点。直接导致一部分学生社会责任感淡化、理想信息缺失、心理问题增多，这都增加了高校思想政治教育的难度。思想活动在教育中是最不好控制的，处在社会多元化背景下的大学生出现的思想多变性、复杂性和混合性，增加了思想政治教育的不可控因素。当前中国还处在社会转型变革时期，信息革命、核心科学技术革命在经济发展中具有先导作用。新旧观念之间如何转变、西方的文化如何吸收、传统文化如何合理应用，以及文化多元化的激荡发展，这些问题都需要我们重视和思考。在这样的背景下国家观、民族观、文化观中都增强了新的内容，增加了高校思想政治教育的不可控风险。针对这一系列的变化高校思想政治教育必须主动顺应社会的转型，以开放发展的眼光在新的时代继续引导学生，使思想政治的实效性真正得到提高。

（二）信息技术广泛应用，削弱了党团教育效果

互联网信息技术的快速发展给整个人类社会的发展与进步带来了巨大的改变。空间之间的距离因为网络信息技术变得越来越小，国与国之间因为网络信息技术的应用也没有了界限。近几十年，随着中国经济的快速发展，网络信息技术在人们的工作、生活、学习中变得越来越普遍。特别是在高校中，高校青年大学生正处在学习与接受新鲜事物的黄金时期，他们思想活跃，乐于接受互联网这种新鲜的事物。以往在高校中对大学生的教育主要是通过学校党团教师，如学校主管学生工作的领导、团委教师、高校思想政治理论课教师、辅导员等人。在我国没有网络信息技术的时期和网络信息技术还不普遍的时期，高校教师的话学生是非常相信的，教育实效性也很强。但是随着网络信息技术的普遍应用，在很大程度上削弱了高校党团教育的效果。网络信息技术既有利于世界经济的发展，同时如果应用的不恰当也会给社会带来很多问题。

出生在网络信息技术时代的"90后""00后"大学生，他们追求个性、追求自主化的生活和学习方式，与"80后"追求经济物质并不相同。得益于中国经济的发展，在这一时期成长起来的"90后"和"00后"大学生，他们更注重个人的情感体验与价值体验，对政治普遍不太关注，有着强烈的个人意识，从小到大习惯从网络技术中获得知识和信息。因此，他们从小已经养成网络思维方式，在生活和学习中都与网络技术分不开，尤其是"00后"大学生具有较强的网络社交、网络学习和网络消费的能力。网络性词语在其生活中很普遍，网络购物、网络游戏在其生活中也为他们的生活带来了很多方便和娱乐。使其生活更快捷和便利。

信息网络技术产生之前，在高校中大学生接收信息主要是通过高校教师，在

教师的思想和行为影响下形成自己的的世界观和价值观。但是信息技术作为"静悄悄的革命"迅速地发展起来，真正地实现了中国人所说的"秀才不出门，便知天下事"。信息网络技术全方位地改变了学生的生活和学习方式，提供了新的认识世界的方式，让大学生对网络的依赖加深，而以往高校教师的教育方式显然已经不适合当代学生的新特点和新需要。大学生对教师的心理需求也转向了网络，"当人们从依赖媒介而获得了相应的满足，便越指望再次获得有用的信息，对媒介的依赖性就越强烈。"[①] 大学生对网络的依赖使其思维方式发生了一定的变化，以往高校党团的教育可以有效培养学生发散的思维方式，但是网络信息技术呈现出来的信息是直观和具体的，容易使学生不再去思考，直观地去看，从而不利于学生多维思维方式的形成。再有，通过网络信息技术可以快速地查找所需要的信息，使高校党团教育面临挑战，这就需要高校党团方面的教师及时更新观念，利用网络信息技术对学生进行合理的教育和引导。高校教师必须转变思维方式，首先，由传统的教学模式向网络信息技术下的教学模式转变。高校党团教师要根据学生特点不断研究和探索，重视校园网络安全的建设，加强对学生进行网络安全教育。其次，教师也需要掌握一定的网络信息技术，当前高校党团工作者即使有再深的理论功底，一旦网络信息技术不行，也很难走进学生心里，对其进行指导和教育。高校党团工作者要利用互联网技术在网络中通过各种形式与学生聊天、谈心，使青年形成正确的世界观和价值观。最后，高校要重视对教师网络信息技术的培养，给教师创造时间和条件学习，在新形势下不断更新教师的理念，在新的背景下，利用网络信息技术更好地发挥高校党团教育的效果和作用。

第三节 教师队伍建设的有效策略

一、当前思政教师职业素养存在的问题

（一）从师技能不强，教学实践能力欠缺

当前，我国高师院校思政专业教学理念滞后，存在着仅重视理论知识的渗透，而忽视对师范生实践教学能力培养的现实状况。这一状况在相当程度上造成了当前的思政专业师范生无法很好地适应高校思政教师的岗位要求。经过调查发现，

---

① （美）德弗勒（Defleur, Melvin L.），（美）鲍尔-洛基奇（Ball-Rokeach, Sandra）著；杜力平译. 大众传播学诸论. 北京：新华出版社，1990.09.

学生普遍认为在校期间参与实践教学的机会和形式比较少，自身的教学技能不强，尤其是在教学实践能力方面最为欠缺。

通过师范生在学校的教育实习，以及实践教学过程中的各方面表现也进一步看出，大部分师范生基本具备胜任教师职业的一般素质，专业知识方面掌握得较为扎实，但由于在高校接受的师范技能培训有限，实际教学能力还与新课改要求相差甚远。主要表现在：一是在此次问卷调查中，有50%的学生认为自身的从教基本技能不佳，书写能力、运用多媒体等现代教学手段的能力有待提高，教学语言比较生硬、教姿教态比较呆板；二是对教学方法的运用缺乏能动性和创新性，难于变通，大部分实习生仍主要采用以传统讲授法为主的教学方法，不能很好地根据教育教学内容的实际需求，灵活自如地转变教学方法与教学模式，过于呆板和程序化；三是对教材的驾驭能力、对知识的整合能力，以及处理课堂突发状况的能力较差，不能很好把握课堂教学的重难点；四是在关于是否了解并熟知高校思政课程改革内容方面，有57%的学生表示仅仅对其有一些了解，但是并不熟知，有24%的学生竟然对高校课改全然不知。这些鲜明的调查数据都充分表明了当前的思政专业师范生对高校课改理念认识模糊，缺乏了解认识的主动性，以致其在实习过程中过分注重知识层面的传授而缺乏对学生情感和个性的熏陶，从而降低了高校思政课在培养学生健全个性品质过程中的实效性。而造成这一现象的关键原因在于高校对师范生人文教育的缺失，造成师范生在教育理念上未能树立对学生的人文关怀精神，进而也就难以把握好情感教育目标的实现。

（二）探究意识缺乏，创新能力不高

受传统应试教育残留观念的影响，部分高校教师仍旧不同程度地存在着重理论知识传授，轻能力培养的教育观念，在教学过程中不能够根据教学内容的实际需要，灵活运用和转换教学方法、教学手段，忽视了对学生创造性思维能力的培育，很大程度上造成了当前师范生学习兴趣低下、主动探究能力不强、创造意识缺乏，创新能力不高。在问卷调查中，关于自身最为欠缺的教师职业技能方面，有接近半数的学生认为自身缺乏探究意识，创新能力和科研能力不高。具体表现在：首先，部分师范生虽具有一定的创新意识，但是缺乏主动探究知识、勇于克服学习障碍和学习困难的坚强意志和毅力。师范生虽然普遍认为创新意识对自身教育教学能力的提高，发挥着至关重要的作用，也希望自己能够具备这种创造性意识和思维能力，但是在实际学习过程中缺乏主动探究、勤于思考的主观能动性，缺乏独立自主的批判能力、自主获取新知识的能力及探究性学习的能力；其次，高师教育

教学理念严重滞后、教师教学方式方法陈旧、单一，并且在运用过程中缺乏灵活性，学生自主学习、独立探究和相互讨论的机会特别少，难以调动学生的积极性和主观能动性，更难以激发和挖掘学生潜在的创造意识和探究能力，容易造成学生思考问题过程中的思维定式，也不利于学生发散性、创新性思维能力的培养，在这种枯燥无味的课堂教学氛围中，学生缺乏学习兴趣，从而在很大程度上造成教师的课堂教学质量不高，教学实效性大打折扣；最后，教育科研活动和教学实践的项目是培育师范生创造意识和提高创新能力，然而，高师教育在科研实践活动和创新性课题项目环节严重欠缺，不仅数量不足而且形式单一、未能真正发挥其培养师范生探究意识和创新能力的有效作用，这也就造成思政专业师范生参与实践性的科研活动和课题项目的机会少之又少，学生很少有机会能够参与到科研活动和教学课题的研究和探讨中去，即使参与其中，也很少能够使自身的创新意识和创造性思维能力得以有效激发和培养。

（三）部分教师思想迷茫与职业定位的矛盾

长期以来教师的职业无非就是园丁、蜡烛、春蚕等工具性的定位，但是随着社会的发展，教师的职业定位中被赋予了"人本主义"色彩，教师的职业定位与人的生命联系在一起，不再是工具性存在而是创造者。这就要求高校思想政治理论课教师不能再作为政治性工具，没有思想与创造，机械式的完成教学任务与进度。一部分教师甚至思想迷茫，自身思想迷茫如何给学生带去好的指导呢？这对当前高校思想政治理论课的实效性一定也会有影响。

随着时代的发展，社会的进步，学生的需要是不断变化的，这就要求高校思想政治理论课教师也要不断调整观念。如果不随着时代而重新丰富和定位自己的职业角色，就会出现思想迷茫。只有合理的职业定位才能产生职业成就感，职业成就感指在职业活动中得到了自身价值的满足。教师只有内心得到满足，才会感到快乐，有愉快的情感体验，而高校思想政治理论课教师只有获得职业成就感，才能以积极的状态全身心地投入到高校教学工作中。教师的职业成就感得到满足也就很少会出现思想迷茫的情况了。

当前也有一部分高校思想政治理论课教师由于社会、工作、学历提升等方面的压力，在疲惫的状态下没有热情投入到工作中，缺乏创造性。社会和高校对其职业定位与其现实压力的矛盾，导致他们焦虑、不安、厌倦，甚至情绪忧虑和思想迷茫。针对改革开放后一部分教师出现的向金钱、向利益看齐的情况，不难看出其价值取向出现的问题,这部分教师个人利益突现，认为金钱是衡量一切的标准，当达不到所期望的经济利益时,就会出现思想迷茫与职业定位之间的矛盾,不重视教学和科研等教师本职工作。

高校思想政治理论课教师是马克思主义理论的主要宣传者,肩负着重要的政治使命,在新的时代要能讲好习近平新时代中国特色社会主义思想,做高校学生成长的导师,需要坚定政治立场,思想坚定,在国内外社会环境变化的背景下才不会出现思想迷茫。重要的还要有正确的职业定位,在职业定位的指引下,树立正确的职业角色,做学生思想的引领者。高校思想政治理论课教师工作繁重,面对的情况多变,所以要有高度的事业心和责任心,保持乐观和良好的心态,才不会出现思想迷茫。高校需要在物质方面、精神方面及自我价值实现等方面给思想政治理论课教师带来职业成就感,在教学、科研、职称、培训、学历提升方面为教师创造更多的机会,创造良好的社会大环境和高校内环境,给予高校思想政治理论课教师更多的条件发展,在优美愉悦的环境中工作,才能真正减少职业思想迷茫。在教师中开展形式不一的思想理论教育,可以提升教师的素质,增强教师的政治信念,完善教师的业务能力。只有自身不断加强学习,提高思想认识水平,才能不迷失自己,才不会思想迷茫。

二、高校思想政治教育师资队伍建设策略

(一)深化政治思想学习,坚定正确理想信念

如何提升高校思政课教师队伍的整体水平和综合素质,是党和国家面对的重要课题。新时代要求思政课教师必须具有较高的政治敏锐性,不断地坚定自身信仰,掌握在政治视角审视问题的能力,尤其是在核心问题方面坚定立场,保持政治清醒。对个体而言,信仰对行为具有决定性作用。高校思政课教师承担了弘扬马克思主义的历史使命,需要将马克思主义的核心思想和科学方法传递给学生,引导学生坚定马克思主义信仰,坚定不移地走中国特色社会主义的发展道路。如果教师存在照本宣科、有口无心的问题,或者是线上线下、课内课外的言行不一致,在政治立场上摇摆不定,就无法取信于学生,也会丧失作为教师应该得到的尊重和信任。让有信仰的人讲信仰是高校思政课教师的重要职责,只有自身坚定信仰,才能传递信仰。

(二)管理帮扶并举,提高教师思想道德

高校及其领导班子应该深刻落实党中央关于加强新时代教师队伍建设的重大

战略部署，研究当前高校专业教师面临的机遇和挑战，从思想上重视起来、从行动上落实起来。要以习近平新时代中国特色社会主义思想为指导，提出符合高校实际的、可持续的师资发展规划并制订可行的制度。

高校应该创新内部培养机制，院系两级共同推进，并提供政策支持和经费保证，为教师提高学历、提升水平、晋升职称创造更多的机会。要帮助青年教师成长、成才，帮助中老年教师完善自身并做好"以老带新""传帮带"的工作。同时，要开阔视野，吸纳校外高层次、高水平人才加盟，以人才补给带动师资队伍的壮大和知名，形成"内培外引"相辅相成的局面。在未来的发展过程中，加大对高技能人才、高学历人才的引进力度。并在学校范围内制订科学、合理的人才评价体系，吸引真正有能力、有思想、有干劲的优秀人才加入。

第一，大力引进优秀人才。学校可以通过多维度引才、育才，大力扩充教师队伍，对专业紧缺人才实行特殊政策照顾，向政府争取相应的扶持政策。

第二，优化教师岗位结构设置，鼓励教师积极评职称，鼓励教师提升学历，使高校教师的数量、质量达到相应要求。学校可以制订青年骨干成长计划、专家教师培育计划、新手教师指导计划等，帮助青年教师快速成长，帮助骨干教师进一步发展。

第三，改革评、聘制度，加强教师的考核制度，增加教师的活力，提高教师的积极性，提升学校教师队伍的发展，引导教师立德树人。学校要引导教师将自身研究与教学相结合，将相关的教育研究成果或信息转化成教学动能，用最新的、最先进的知识代替陈旧的、老套的教育信息。并且，对外合作与互动，引导高校专业教师积极参与对外合作、对外交流及相关教育教学培训等，在行动中、在实践中、在学习中逐步提高自己的能力。

第四，高校还要引导教师以小组、团队的形式活动，促进教育合力的形成。一是建规立制，在小组、学院或学校内部建立高度合作的校内教学团队；二是校内的教师以责任共担的方式，进行教育相关课程的建设和专业建设，进一步完善教育课程体系。

（三）分层分类培养，提高教师专业能力

为了更有针对性地提高高校专业教师的素养，提升其教育教学能力和核心竞争力，本研究认为应该从如下方面开展相关培训与培养工作。

1. 加强专业教师核心素养的培训

结合教师专业素养结构，对相关培训课程进行改造、整合，优化原有的课程

体系和教学模式，让专业教师在职业道德、专业技术、创新能力与信息能力等方面获得切实的提升。学校还要组建教学改革研究小组，通过课堂观察、问卷调查、访谈等多种方式收集一手资料，充分研究专业教师的发展需求和制约因素。根据学校条件和教师差异，制订分层、分类、专深的教育计划并全面改造课程。

2. 加大教学规范与教学实践要求力度

高校应该制订详细的奖惩政策和支持措施，奖优罚劣，规范办学、规范教学。如，制订《学校教师发展五年规划》《教师教学规范与指南》《学校教学奖惩办法》等，并切实用于学校管理中，在有条件的情况下全程跟踪这些方案的实施过程，及时予以修订、完善，确保相关政策的操作性和实用性。

3. 加大青年教师的培训力度

研究认为，高校应该重点培训缺乏企业实践经验的中青年教师，教师第一年主要跟班听课和下企业实践锻炼；每三到五年轮流安排专任教师必须有半年到一年的时间下企业进行"定岗定责"的实践工作训练，或到政府、行业挂职锻炼。寒暑假集中安排专任教师和兼课教师短期强化实践训练项目。还要制订《双师素质教师认定标准与管理办法》，鼓励教师参加行业资格证书考试，参与企业横向课题、应用技术开发等项目研究，以及多渠道开展社会服务，并进行必要的监督和约束。定期举办"教师职业技能大赛"，对教师的实践能力进行公开的考评，对获奖者加大奖励力度。

4. 强化专业理论武装，提高教学科能力

要想建强、配齐高校思政课教师队伍，必须要着手强化思政课教师的专业理论水平，要求思政课教师在课堂教学过程中可以通过逻辑完整的理论，来回应社会热点和社会关切，深入浅出地展示马克思主义理论的真理性，通过更加全面地发挥真理效应，来提升学生学习思政课的兴趣。在思政课教学过程中，思想发挥了基础作用，而教师则发挥了核心作用。思政课离不开深厚的学术能力和理论素养，只有不断地积累和深化自身功底，才能实现学术能力的持续发展。

要想提高思政课教师的专业理论知识，就必须加强思政课教师的学习意识。通过组织一系列相关的培养活动，利用各种有效形式，加大思政课教师培训力度，并全面贯彻落实教育部提出的各项要求，尤其是选送业务骨干参加中央党校和马克思主义学院的培训，通过专题研修班的学习，以高标准要求自己，开阔自身的理论视野。鼓励高校思政课教师加强自我学习，不断提升学历程度，补充自己的理论知识，通过理论学习和实践的结合，组织开展各项调查活动，全面了解中

共产党在各个阶段的发展历程,在不同的对比分析中总结经验、梳理不足,强化优势,通过坚定"四个自信"为中国特色社会主义的发展提供思想保障,并将这种自信通过课堂教学传递给广大学生,引导学生形成先进的意识形态,坚定共产主义信仰和中国特色社会主义的发展道路。

(四)提高高校思政教师的综合素质

高校思政课程教师是教学实践的引领者和策划者,起着掌控教学过程的作用,其理论素养的高低是决定他们能否很好地发挥自身作用的基础条件,并直接影响着大学生对其学识魅力的认同,进而影响着对此课程的认同。因此可以从以下三个方面来保障和提高高校思政课程教师的理论素养。

第一,以选聘为基础,注重对应聘者理论素养的考察。高校在招聘高校思政课程教师时,首先,要着重对应聘人员的专业知识是否扎实、专业认同是否强烈和专业理想是否坚定等进行考察。只有专业知识扎实、专业认同强烈和专业理想坚定的教师才能在各种思想、价值观念互相碰撞和相互渗透的社会环境中,继续做出正确的价值判断、坚定自身的马克思主义信仰不动摇,同时也能游刃有余地应对大学生身心特点不断变化提出的挑战,从而引导大学生按照正常的轨道逐步成人成才。其次,还要对应聘人员的知识面是否广博进行考察。此课程是一门综合性较强的学科,涉及经济学、逻辑学和教育学等多门学科,需要教师具备较为完善的知识结构。只有这样才能在教学实践中把此课程的相关知识,多角度地讲透、讲明白,进而提升自身的学识魅力,触发大学生学习此课程的兴奋点,进而提高大学生对它的认同。最后,要注意对应聘人员的科研和自主学习等能力进行考察。知识的深度和广度是需要不断深化和拓展的,而科研和自主学习等能力,是此课程教师不断深化和拓展知识深度和广度的基础,只有这些能力较强的教师才能在日后的教学、科研中不断提升、完善自我。

第二,以科研组织建设为平台,不断提升教师的理论水平。一方面,国家和高校要加大对高校思政课程科研的支持力度,包括资金支持和项目支持等。另外,高校和马克思主义学院或思政教学部要完善"传帮带"的组织建设,要重视资深教授、副教授对普通教师科研能力的指导和带领作用,保证此课程的教师队伍是一支生机勃勃、结构合理的优秀教师队伍。另一方面,高校思政课程教师尤其是年轻普通教师,要自觉主动、刻苦努力地提升自身科研能力,积极主动地申请、参与科研项目,虚心向资深教授、副教授学习、请教。

第三,以培训、交流为抓手,重视对教师的后期培训和教师之间的学术交流。

国家、高校和教师自身要重视培训和交流对此课程教师和自身能力提升的重要作用。首先，国家要加大对中青年学术带头人和骨干教师等的培训力度，提升各高校的整体理论水平，更好地发挥"传帮带"作用。其次，高校和马克思主义学院或思政教学部要积极组织教师去其他学校参观学习，或参加相应的培训来开拓他们的理论视野和科研视角，也可以通过组织学术交流会、科研成果和经验分享会等，来互相学习和提高等。最后，高校思政课程教师尤其是年轻普通教师，要积极主动地参加相关培训和交流会，并认真地做好培训总结和交流心得。

（五）构建学术交流平台

学校可以构建学术交流平台，以各个学校的教研组为最小的学术交流单位，加强校与校之间、校内教师之间的交流与合作。

基于此，提出以下几点建议。一是设立思政课教师学术交流专项基金。学校积极鼓励思政课教师参加各种学术会议，要求教师提交高质量的学术论文，以保证会议经费的有效使用。二是开展学术竞赛活动。为提高思政课教师的科研水平，学校可以开展学术竞赛活动，征集优秀的科研论文进行评比，并设置一定的物质奖励以激发教师的积极性，组织各个学科的教师进行切磋交流。三是构建校际学术信息交流平台。由于各个学校的办学特色、历史文化积淀的差异，所举办的学术交流活动也不尽相同，不同学校的教师的教学理念、科研成果也各有千秋。因此，学校应为教师提供各具特色的学术交流活动，尽量避免学校"围墙"给学术交流活动带来阻碍。应加强各个兄弟学校的交流合作，组织教师积极利用学校周边的学术资源，到兄弟学校听讲座、进行学术交流。四是构建国际学术信息交流平台。思想政治教育属于意识形态范畴，有人认为思想政治教育无法国际化，因为一旦国际化，就是我们吸收了西方资本主义的意识形态。其实这完全是无稽之谈，因为构建思想政治教育国际交流平台，只是为了吸收借鉴其他国家优秀文化成果、有益于思政课教学的教学经验及教学模式等。习近平总书记在全国思想政治理论课教师座谈会上也对思政课教师提出"视野要广"[①]，要想视野宽广、具备国际视野，构建国际学术交流平台至关重要。

（六）加强教师职业规划教育

简单来说，教师职业规划教育就是高师教育要通过各种有效的教育途径，来引导和帮助师范生对自己的教师职业发展有一种非常明晰的认识和规划，进而树立坚定的教师职业观和正确的教育价值观。当前，大部分思政专业师范生没有自

---

① 引自2019年习近平总书记在学校思想政治理论课教师座谈会上的重要讲话

己的职业规划，无法准确定位自己的职业发展方向，究其原因，在于高师院校教师职业规划教育缺乏系统性和规范性，教育内容和形式单一且具有滞后性，未能从整个大学期间统筹规划学生的教师职业规划教育。对此，高师院校必须高度重视对师范生的教师职业规划教育，从新生入学伊始就要统筹规划、全面监督。一方面，要高度重视课堂教学在教师职业规划教育中的重要地位。在高师院校课程设置中要加入与教师职业规划与指导方面相关的课程内容，教师要注意向学生讲述教师职业的光荣感和使命感，以及教师职业肩负的育人传道的重大社会责任，逐步引导师范生对教师职业树立一个正确的、全新的教师职业观。另一方面，全面肯定实践教学活动对师范生从事教师职业的引领功能，充分发挥微格教学、教育实习、顶岗支教等一系列学校实践教学活动，在塑造师范生教师职业理想过程中的重要作用。同时，在实践教学活动中要强化师范生对思政课程改革新要求的深刻认识，全面反省自己教师职业素质存在的不足，培养专业精神，实现思政专业师范生教师职业素养的全面提升。

（七）加强学生人格教育

教师的人格修养如何，关系到学校的教育教学质量和未来国民素质的高低。加强高师思政专业学生人格教育，不仅是素质教育和时代需要的呼唤，同时也是高校深化教学改革内容的方向和目标之一。长期以来，高师教育过分强调专业知识的灌输而忽视人文精神教育的渗透，使高师人格教育质量不高并且流于形式，造成人格教育的缺失。因此，高师思政专业的教师培养工作应做到以下两方面。首先，培养师范生坚定的政治品格。政治品格在高师思政专业教师人格修养中处于首要的位置，它是指导师范生树立其他一切人格品质的关键性因素。因此，高师教育要通过政治性的理论宣讲和实践性的社会政治活动，充分激发学生参与社会政治生活的积极主动性，使师范生不仅要从内心深处有提高自身人格修养的强烈意愿和自觉意识，还要真正从行动上加强坚定的政治信念和完善的政治品格的锻炼与提升。其次，正确的育人价值观和良好的道德品质，是师范生从事教师职业所必须具备的育人的根本素质，它在师范生人格素质中发挥着决定性的作用。思政专业与其他应用性、操作性课程的最大不同之处在于，教育者不能仅仅注重对学生显性的理论教育和硬性的书面灌输，而应该将大部分时间和精力都用在研究学生的思想，关注学生的心理健康状态上，要教会学生树立正确的价值观念和健康的生活态度。这就要求师范生要严格要求自己的一言一行，从生活中的一点一滴做起，严格规范自己的行为，做到传授知识与为人师表两不忘。

（八）建强师德师风，优化教师队伍配置

教育是改变社会条件和实现人类自由而全面发展的重要手段。马克思认为教师在阶级属性上隶属于从事脑力劳动的无产阶级，是教育活动的承担者，对于促进社会发展和实现人才培养具有重要意义。复旦大学在校党委领导下开展了"强师行动计划"，创建了"三关心一引领"模式，全方位提升了教师理论教学水平。此外，还将师德师风作为新时代优秀教师育人队伍的首要标准，以"全国优秀共产党员"钟扬同志为学习典型、榜样开展宣传教育活动，引导本校教职工在奉献、服务与担当中钻学问、修品行。南开大学搭建教师成长平台，成立教师发展协会，从人员机构配置及思想理论水平等层面对教师队伍进行优化，鼓励中青年教师参与"择优资助计划"、创新示范团队等项目，助力教师成长发展。"师者，人之模范也"，教师的一言一行都将会成为学生学习模仿的榜样。教师自身的思想道德修养与思想政治教育工作水平的高低，直接关系到高校整体的思政育人工作成果的优良。习近平总书记在多次座谈会中也强调了一支师德高尚、业务精湛、充满活力的高素质专业化队伍对我国教育事业发展的重要性。在全方位思政育人体系中建立一支强有力的思政育人教师队伍，首先，要提升教师的道德自觉。道德自觉性的高低直接关乎教师在工作中主观能动性发挥的程度。第一，高校要加强对全体教师的思想层面宣传教育。关注教师的思想动态变化，督促教师认真履行职责，并根据学校相关教学制度，贯彻落实党的政策与方针，提升教师在思政育人工作的积极性和规范性。第二，教师要加强自身的道德修养。严于律己，保持健康的思想状态及正确的行为方式，为学生树立榜样，对学生进行行为实践的教学。其次，提升教师的专业水平与专业能力。学校要对思想政治教育的专门人才进行大力的培养和选拔，建设一支专业化、职业化的思政教师队伍。高校可以鼓励各专业教师攻读马克思主义理论专业硕士、博士学位，定期组织优秀教师代表外出进修、培训，鼓励教师自觉和主动学习先进地区、国家的最新知识体系、实践经验等。组织教师参加思政育人为主题的座谈会，互相交流、分享实践教学活动中的成果，互相学习，共同进步。例如，邀请思政育人领域内的专家在学校开办讲座，引导教师掌握最新的学科研究动态；评选"优秀示范课""思政精品课"，并在线开放、共享；等等。最后，抓住关键少数优化教师配置。在教师与学生的比例上，严格遵循专职思政工作人员和党务人员应不低于百分之一，专职辅导员岗位按不低于二百分之一，心理咨询教师不低于五千分之一的方案优化高校教师配置，满足思政工作开展要求。

(九)加强职业道德素养,提高自身魅力

对思政教师者而言,加强自身职业道德建设具有重要意义。社会发展和经济建设都离不开专业技术人才,而道德水平较高,德才兼备的教师有助于正能量的产生,进而潜移默化地对学生施加影响,不断地向社会输出德才兼备的人才,这对于提升我国思想道德建设具有重要意义。高校思政课教师必须认识到职业道德素养在教学过程中的重要性,通过提升自身人格魅力,在思政课堂上取得更好的教学效果。年轻教师应该积极自我学习,发挥中流砥柱的作用;年长教师则需要发挥自身的经验优势,在思政课开展过程中继续发挥余热。高校思政课应该始终坚持以学生为中心的原则,不断地向学生传达关心、关爱、关怀,最大限度地发挥教育优势,在学生成长和发展的过程中发挥引导者的作用。思政教师必须充分贡献自己的力量,在教学研究过程中投入更多的知识和心血,引导学生以更积极的心态来应对问题。

(十)改善师资队伍机构,实现多元化

掌握专业数据技术的人才在国内是较为稀缺的,再加之同时兼具思想政治教育理论功底的综合性人才更是为数不多。但为实现良好的教育教学效果,保证学生的信息安全,需要这种专业化的人才。因此高校可以外聘部分专业素养较高的人才,不仅可以保障信息化教育教学的顺利进行,还可以对思想政治教育进行指导培训,提升思政教育者大数据素养。高校还可以广泛吸收优秀学生骨干,加强对优秀学生的大数据素养培训,使其更好地加入服务学生的队伍之中。大学生的加入会使学生数据收集工作更加便利,更容易了解和解决学生问题,进而有利于拉近教育者与学生的距离,便于实现教育效果。

(十一)加强思政教育者的大数据培训

不断学习是教育者的根本要求,只有不断地学习才能在碎片化的教学环境中保持学生的积极性和教学内容的吸引力。

大数据时代不仅需要专业知识过关的教育者,更需要具有综合素质的教师,同时需要其具备过硬的专业知识和数据分析处理的能力。组织专业的技术人才对专职教师进行培训,首先,要改变部分教师固化的教学理念,树立大数据思维,让数据理念入脑入心。其次,加强数据技术培训,让教育者可以完整的收集和分析数据。只有教育者能够独立处理数据,并根据数据分析结果利用自己的专业能力发现和解决学生问题,才能实现对教育者培训的真正意义。

1. 加强领导干部和教师队伍管理与统筹规划

一项工作的开展，必须要有一个强有力的领导班子。要保证高校思政育人的有效实施，必须坚持学校党委统一的领导，同时形成各部门齐抓共管的局面，加强领导干部和教师队伍的管理与统筹规划，形成自上而下都是精英良将的强大育人队伍。

首先，坚持党委统一领导。高校育人工作以校党委为领导核心，总体上指明高校育人工作的方向，发现并及时解决育人工作存在的问题，制订学校各项育人工作的大政方针，并协调其他部门共同开展育人工作。充分发挥校党委的领导核心作用，把高校育人工作的人员纳入党组织，紧密地团结在一起，同时注重加强党组织建设，引导学生爱国、爱党，能够对学生进行思想上的引导。

其次，思政课教师思想和观念要与时俱进，视野也要宽广。思政课教师应不断提升自身的能力素质，不断学习，善于思考，及时更新教育理念与方法，才能不被时代所淘汰，满足学生的诉求。教师应及时了解外界新动态，掌握时事，开阔视野，不被时代抛弃。

最后，思政课教师要严格自律，人格要正，应该具备良好的思想道德素质，良好的师德。"其身不正，虽令不从"，如果教师品德败坏，教师自身就已经失去了权威和说服力，那么育人的效果就会大打折扣。只有严于律己，具备高尚的人格，以身作则，发挥榜样的力量，言传身教，才能不断提高思政课教师队伍整体素质，对受教育者产生积极的影响。

习近平总书记强调："办好思想政治理论课关键在教师，关键在发挥教师的积极性、主动性、创造性。"[①] 因而高校要注重提高思政课教师的主动性，鼓励教师积极投身于教育事业，并通过全面的培训来提高教师各方面的能力，提高教学和科研领域的创造性。还可以建立一个合理的考评制度来激发教育者的积极性，从而总体上不断提升团队战斗力。

2. 加强专业资助育人队伍建设

加强专业资助育人队伍建设，是实现全员育人的重要前提。高校资助育人队伍是落实资助育人政策、完善资助育人体系的主干力量，是高校资助育人工作发挥育人功能的核心关键。高校资助育人队伍建设的质量，直接影响了高校在落实资助政策过程中，进行大学生思想政治教育的效果和培养人才的质量。高校建设一支高素质的资助育人队伍，不仅可以有效准确地落实国家资助政策，保证家庭

---

① 习近平.思政课是落实立德树人根本任务的关键课程

经济困难学生应助必助，顺利完成学业；而且可以准确把握家庭经济困难学生的需求特点和发展规律，教育引导学生不断完善自己，提升综合素质，实现全面发展。

针对当前高校资助育人队伍存在人员配比不足和育人能力有待提升的现实问题，我们可以从队伍人员结构、人员技能提升和人员考核制度这三个方面加强队伍建设。首先，要优化资助育人队伍人员结构，具体体现在按照教育部规定配齐人员和结合工作特点和需求吸纳各方面的人才这两个方面，来优化当前资助育人队伍人员结构；其次，在人员技能提升方面，可以从增强资助育人工作者的育人责任感和加强人员培训和教育的力度两个层面，提升人员的专业化水平；最后，在建立合理考核机制方面，着力从加强优秀资助育人工作者评选和完善人员晋升渠道两个方面，激励专业资助育人工作者不断提升育人能力和工作水平。

第四章 明确高校思政育人体系的主要任务

本章的主要内容为明确高校思政育人体系的主要任务，我们依次介绍了丰富高校思政育人内容、提升学生学习主体地位，以及开拓高校思政育人路径三个方面的内容。期望能够通过讲解，提升大家对相关方面知识的掌握。

第一节 丰富高校思政育人内容

一、高校思想政治教学的任务

习近平总书记曾多次在教育工作会议上强调立德树人的重要教育观点。因此，高校思政教师要以立德树人作为教学的根本任务，坚持以人为本的教学理念，切实完成高校思政教学任务。高校思政教师主要教学任务有以下四点：

第一，引导高校学生形成正确的世界观、人生观和价值观，培养其积极向上的人生态度，树立学生崇高的理想追求。

第二，增强高校学生民族文化认同感，强化和加深高校学生民族意识及民族信仰，增加高校学生民族自信。

第三，提高高校学生道德认知，强化高校学生道德意识，规范高校学生道德行为。

第四，充分发挥思政教学核心作用，促进高校学生全面发展。

二、高校思想政治教学的形式

高校思政教学中包含国家历史、毛泽东思想、中国特色社会主义理论、马克思主义理论以及人生观、理想信念、民族精神、社会主义核心价值观、道德、法律等方面的内容。有不少高校思政教学内容在思想上与儒家思想具有一定的重合性。因此，儒家思想在教学过程中既可以是教材的一部分，也可在内部逻辑及外部情感上与思政教学起到相辅相成的作用。再者，高校学生对思政内容的思考与儒家文化中德育思想的交融思辨，既可达到传承发扬传统文化的目的，也可达到思政教学思想与精神层面的升华。

当前，高校思政教学在形式上主要分为课堂教学、第二课堂教学及网络直播教学。一般而言，课堂教学中包含课堂理论讲授、课堂答辩、课堂情景模拟、课堂实践训练等形式。第二课堂教学中包含实地考察、实地参观、拓展训练、社会实践等。网络直播教学中包含课堂理论讲授、高校大学生和高校教师连线互动、生生连线互动等形式。由于教学形式多种多样，高校思政教师应遵循不同的内容特点、学生的发展规律、教学规律及德育规律，有的放矢地选择不同形式展开教学。

三、大学生思政教育的内容

普通高等院校思政教育的内容也包括受现实性教育者的自身思想需求。同时，也要注重紧跟时代的步伐，做到与时俱进。

（一）社会主义核心价值观的培养

社会主义核心价值观作为社会主义价值体系的核心内容，不仅是一种社会价值理念，更是人们的行动指南。培养和践行大学生社会主义核心价值观，既是党的重大决策，也是思政教育的重要内容。它突出了大学生对国家未来发展的重要性，和对大学生进行社会主义核心价值观教育的必要性。"勤学、修德、明辨、笃实"的社会主义核心价值观教育要求学生学好知识，提高自身道德修养，树立正确"三观"，明辨是非，并在实践中提升自己。普通高等院校大学生必须从现在做起，根据以上要求严格要求自己，并在未来身体力行到对国家和社会的建设中。

（二）传统文化的继承和发扬

一个国家的文化是这个国家的历史发展及具体国情的体现，我国的传统文化代表了我国深厚的历史文化底蕴，是我们国家和民族的精神和灵魂。我国文化经历了几千年的历史发展，是中华民族之根，我们要做到一脉相承，并将其不断发扬光大。在普通高等院校教育实践中，思政教育一定不能脱离传统文化的教育，要在教育实践中让大学生在了解中华文化的基础上实现更好的传承。我们在对传统文化的继承和发扬过程中，要始终坚持批判性继承和创新的态度，使中华优秀传统文化在当代青年心中扎根，内化为气质，外化为人处世之道，在新的时代呈现出新的生机、焕发新光芒。

（三）爱国主义的培养

爱国主义教育是国家稳定发展、历史向前推进的巨大精神力量，是一种集热爱祖国、报效祖国、忠诚于祖国的思想、意志、情感于一体的社会意识形态的体现。在新的历史时期和时代背景下，爱国主义教育依然很重要。普通高等院校爱国主义教育主要体现在对党史、党情、国史和国情等方面的基本知识的学习，也包括民族团结和国家统一等国家安全方面的教育。爱国主义教育就是要不断强化大学生的爱国意识，使其内心对祖国有强烈的归属感。因此，爱国主义教育不仅有利于学生自身的发展，培养了其爱国主义情怀，更是关乎国家未来的前途命运，为未来能够稳定发展扎实根基。

（四）理想信念的树立

这是普通高等院校必不可少的教育内容。党的理想信念就是共产主义，正是因为有着坚定不移的信念，我党才能够克服一个个问题，取得革命、建设和改革的胜利，我们国家才能够应对一次次的挑战，在排除困难、有效解决问题的过程中，实现国家的稳定发展。对于普通高等院校大学生而言，也必须拥有坚定而正确的理想信念，才能在未来握好国家发展的接力棒，朝着正确的方向不断前进。大学生是国家发展的中坚力量，关系着国家的未来，关系着能否实现中国人民宏伟的"中国梦"。

（五）世界观的培养

人们对世界的根本看法和观点，反映了人们对人与世界的关系、世界的本质、人的生存价值和地位等一系列基本问题。普通高等院校大学生正处于树立正确世界观的重要时期，必须以科学理论为指导。马克思主义作为党的指导思想，也是党制定政治目标、确定政治方向的基础。我国的普通高等院校始终坚持红色旗帜的引领，因此思政教育的世界观教育内容是马克思主义科学理论教育，它包括辩证唯物主义、马克思主义认识论和历史唯物主义的哲学原理和方法论指导，以及马克思主义中国化的具体内容。习近平多次强调，要坚持以马克思主义理论作为社会主义现代化建设的指导思想。因此，要坚持进行马克思主义的理论教育。大学生是国家未来稳定发展的重要力量，他们必须接受科学理论教育，提高政治素养，明确政治立场，为国家和社会的未来发展做好准备。

四、思想政治教育的目标

（一）思想素质目标

要坚定贯彻马克思列宁主义、毛泽东思想、邓小平理论、"三个代表"重要思想、科学发展观、习近平新时代中国特色社会主义思想，明确辩证唯物主义的思想，树立正确的"三观"，在生活中不断锻炼自己尝试运用马克思主义的方法论进行思考和判断；培养集体至上的"三观"，批判享乐主义和拜金主义，个人要为国家做贡献，对建设富强祖国充满信心和力量，为祖国奉献才是青春的方向。

（二）道德素质目标

以集体利益为最高荣誉，个人利益要服从集体利益，坚信团队合作的重要性和必要性；吃苦耐劳、勤俭节约，在生活学习工作中做到艰苦朴素，享乐在后；遵守法律，热爱国家，懂礼貌，讲诚信，为人团结和睦；积极进取，思想要具有正能量；用乐观豁达的心态面对生活，对于事业和学习要充满干劲；秉持着严肃认真的态度，能听进各方的意见和建议，吸取批评中的精华，努力完善自己的道德修养。

（三）政治素质目标

对于我国的国史和国情要了然于胸，对于我国传统文化的优秀之处要加以发扬和继承，不忘初心，坚持共产党领导，继承先辈的革命斗争精神和传统，坚决维护祖国统一和团结，将祖国的利益和荣誉放在心中首位。具有献身祖国、报效人民的思想觉悟，坚定拥护党的领导和国家的政策方针，做忠诚的爱国主义者。

（四）法纪素质目标

要致力于弘扬全民民主法治的风气，自发学习我国宪法，能够做到正确行使公民权利，维护公民利益，履行公民义务。要从根本上培养高校大学生的法律意识，教导学生做到自我约束、自我管理，能够运用法律武器做出正确的判断和决策。培养学生的勇气和承担挫折的能力，在校内遵守校规校纪，在校外遵守社会公德和法律法规，自觉主动帮助维护学校和社会的正常公共秩序，深刻领悟法治社会的建成需要每个人来努力，要让法治变为信仰融入高校大学生的思想道德教育中去，才能让思想转化为实际行动，让法纪素质教育贯穿始终。

（五）心理素质目标

心理素质是一个人心理过程和心理特征的体现，是衡量每个人在情感、意志、性格、行为等方面的综合标准体系。要培养高校大学生形成坚强、自爱的性格，增强他们的抗打击和受压能力，使其具有比较好的自我调节能力，这将有利于高校大学生未来的工作、事业、婚姻、家庭等，保证他们在遇到挫折时可以不丧失勇气和信心，不断努力去改善困境，拥有良好的心态，从而拥有美好的人生。

第二节 提升学生学习主体地位

一、大学生主体地位缺失的表现

（一）学生缺失能动性

思想政治教育对象的主体性指的并不是教育的主动性，而是指教育对象接受教育的主动性。而思想政治教育对象的能动性就是其中的一个表现。虽然高校大学生的思想道德水平得到普遍提高，但是时代的变化和发展要求大学生有更高的品德素养。大学生能动性的发挥首先是能够积极主动地反映自身的品德状况，和教育者所教授的思想政治教育内容。大部分学生都能很好地吸收到所学的思想政治教育知识并且在生活和学习等方面实践中表现出来，但是仍有部分学生没有积极主动地与自身进行比较、反思和认清自身在思想品德方面与社会要求存在的差距，以至于不热爱思想政治教育知识的学习，也没有进一步深入了解的动力。如思想政治教育的课堂上部分学生玩手机，就是缺乏学习思想政治教育内容的热情和动力的表现。

（二）学生缺失自主性

思想政治教育对象的自主性表现在学生对教师所教授的内容和知识，进行自主学习、自主选择、自主吸收。学生在思想政治教育中积极参与活动，对于教师教的知识进行主动、选择的地学习。在思想政治教育课堂中，大部分学生都能够自主地、有选择地学习思想政治教育内容，并内化为自己品德的一部分，但是也有部分学生对于所学内容相对比较消极。教师在课堂上努力的讲课，学生却不关心教师讲的内容，只是关心考试的内容，对思想政治教育内容缺乏思考，自主能力差，不能安排好学习计划和学习目标，没有将教师所教授的内容内化为自己的道德修养。

（三）学生缺乏创造性

思想政治教育对象的创造性是其自主性的另一个表现，是学生在反映教师所传授的信息和自身思想品德状况的基础上创造出新的东西。对于新的教学方法和教学形式不仅学校和教师可以研究探索，学生也可以积极参与进来，充分发挥自觉能动性。在高校，是教师扛起了研究新的教学方法的重担，学生却没有积极参与研究的意识，未提出自己的意见和建议。在思想政治教育课堂上有部分学生在学习，以及接受教师传递的信息的时候，采取消极的态度，没有与教师进行积极的互动。

二、大学生主体地位缺失的原因

（一）课堂教学方面的原因

1. 传统教学方法单一

当前我国大部分高校都在积极地进行课堂改革，部分学校探究出了新的教学方法，取得了明显的效果，但是有一部分高校仍旧没有改变传统的教学方法。思想政治教育是教师和学生一起参与并且积极发生互动的过程。因此，在思想政治教育过程中，教师和学生都应该加入课堂中并且积极地进行交流，但是部分教师在教学时仍然使用的是满堂灌的传统授课方法。这种传统的方法使得教学变成了单一的输出，学生没有积极地参与到课堂中，从而导致学生对课堂内容没有兴趣并且也缺乏投入学习的热情，所以传统的授课方法不能很好地体现学生的自觉能动性和自主性。

2. 教学内容偏离学生的实际

在我国高校部分教师能够做到将思想政治教育内容与具体实际相融合起来，发挥了思想政治教育积极的作用。但是也有部分教师没有很好地了解学生，掌握学生的实际需求，在授课过程中只是照搬课本内容，讲解理论，思想政治教育本来就是理论性比较强的课程，所以这样容易给学生带来生硬和枯燥的感觉。学生在课堂中感觉无聊就会渐渐失去学习的热情，不能很好地加入思想政治教育课堂，对所学内容不进行积极的思考，自觉能动性就很难真正体现出来。

（二）学生自身的原因

学生自身的原因主要是主体意识的淡薄。随着我国高校改革力度的普遍提升，所有高校对思想政治教育水平的提高都愈发地重视起来，并且纷纷对思想政治教育课程进行课堂改革，改变传统的单向传输的授课方法，创新思想政治教育方式方法，突出学生的主体性地位，提高大学生思想道德素养。在进行课前预习的时候，有一些学生对于教师的安排过于依赖，不能独立完成学习计划和目标的设定，没有将其自身的自主性发挥出来。在学习过程中，仍然有部分学生已经习惯了传统的思想政治教育方法，只喜欢听教师讲课，不愿意主动思考问题。对于教师新的教学方法没有给予积极的反馈，对教师所教授的内容也没有进行积极的思考，表现出思维惰性，不愿意与教师进行积极的互动交流。对于教师所讲的思想品德要求，也没有与自身进行对比反思，调整自身的不足，处于被动消极的状态，而且欠缺思考怀疑的能力，不注重发挥自身的创造性。

三、提升大学生在思政教育中的主体地位的对策

（一）树立思想政治教育的主体性教育理念

思想政治教育的主体性理念是指，在思想政治教育的推进过程中全面、客观地认识教育者与受教育的关系，既要充分认识教育者的主体性，使教育者的主导作用得以发挥，也要客观理解受教育者的主体性，让受教育者自觉认同教育目标和教育要求，独立作出判断和选择，自主调节行为，并在实践中完善自身品德、丰富和发展社会道德规范的自主性、能动性和创造性。以往我们已经对教育者的主体地位有了明确的认识，但是由于忽视了受教育者的主体地位，因此往往将教育者的主导作用无限扩大，使受教育者完全处于被动从属地位。因此要树立现代思想政治教育的基本理念，在强调教育者地位和作用的同时提升受教育者的地位，使两者能够在教育过程中实现良性的平等互动。在此基础上使受教者逐步建立起对教育目的、教育内容的价值认同。为此，首先，要从观念上做到尊重学生，充分认识到每一位学生都具有独特的、潜在的品质，既要严格要求，又要平等待人，更要善于发现和开发蕴藏在学生身上的潜在的创造性品质；其次，要引导学生树立主体意识，使学生充分意识到自身主体地位的发挥是完善自我、提升自我的基础与前提，只有主动地参与到教育过程中来，在教师的引导下自觉自主地进行学习，充分与教师进行沟通、互动，才能从根本上提升学习的效果。

（二）教育目标设置中融入大学生的基本需求

在思想政治教育的过程中，既要坚持教育的基本方向、原则与要求，又要将受教育者的需求落在实处，充分掌握大学生的思想动态和需求是设置思想政治教育目标的前提性条件。在此过程中，要从人性化、个性化、制度化三个层面做到教育目标与学生需求的融合。首先，在人性化层面上，从共性的角度全面客观地把握大学生群体性的思想特征，对他们学习生活中的良好特性加以强化，对他们的不良特性加以抑制、纠正，将此确定为教育目标的基本内容之一；其次，在个性化层面上，充分认识到每一个学生在智力、家庭背景、情感、心理、兴趣、特长等方面存在的差异性，一方面尊重个性的差异，另一方面极力避免因个性带来的冲突与摩擦，努力做到求同存异，这也应当是教育目标中不可忽视的内容之一；再次，在制度化层面上，充分认识到制度规范对大学生思想、态度和行为的规范、调节、引导作用，在教育目标的设置中融入学生行为基本规范，使学生树立规则意识；最后，教育目标的设置要注意将人性化、个性化、制度化三个层面的学生需求加以协调。

（三）创造条件让大学生实践其主体地位

当前的思想政治教育形式越来越趋于多样化，但大学生主体地位的实践平台仍然有限，这在很大程度上成为制约大学生主体地位提升的重要因素。为了扭转这一局面，首先，应创造条件让学生与学校和教师更多地沟通、互动。学校可以通过课堂交流、网络论坛、学生代表会议、意见箱、主题讨论、个别谈心等多种形式与学生进行沟通、互动，了解和掌握学生思想动态，努力满足学生的合理需求。其次，积极引导学生进行自我管理。学校要充分发挥学生会、社团等学生自我管理组织的作用，引导学生通过参与这些组织进行自我管理、服务同学，通过积极开展正常的校园文化活动和社会实践活动训练他们的自主性能力、合作能力、参与能力，充分发挥其主动性与创造性。最后，为学生的自我学习、自我发展创造良好的环境。例如，学校可以通过设置选修课、弹性学分等形式鼓励学生自主选课，使其选择性得以体现。总之，学校应当积极创造条件搭建平台，使大学生能够更多地参与学校管理、进行教育互动、实践所学知识。

（四）大学生也应强化对自身主体性的塑造

大学生主体地位的发挥不仅需要从外在上转变错误观念、从目标上融合学生需求、从形式上创造更多的平台，它还要从根本上内化为学生的内在目标诉求。

学生只有能够自主自觉地意识到思想政治教育不是"要我学",而是"我要学",才能够从根本上改变不得不硬着头皮学的消极状态,从而有目的地、有针对性地进行思想政治教育的改造,树立正确的世界观、价值观,做到提升自我,全面发展。要做到这点,首先,大学生要明确自身的使命。这一使命既与个人成长目标、家庭的期望紧密相关,也与新时代下社会进步、国家富强的社会责任相关。它们均不同程度地要求大学生要树立远大的理想与抱负,将接受大学学习的过程视为改变自身命运、满足家庭期望、影响社会发展、推动国家富强的必要手段。其次,大学生要养成良好的自律习惯。他们可以根据自己的兴趣、专业、特长、家庭背景等多种因素,明确自身的学习目标和学习内容,有计划、有步骤地学习,养成良好的自律性,能够做到自我认识、自我调控、自我矫正。通过良好的自律,大学生可以在有效的自我学习、自我提升中充分展现其自主地位。

第三节 开拓高校思政育人路径

一、疏导教育法

(一)疏导教育法的基本内涵

疏导这个词,从字面上看,我们可以联想到水管发生堵塞需要进行疏通的情况。但是在高校思想政治教育过程中疏导一词内涵就大不相同了。疏导教育法主要是对人民群众的思想认识进行积极健康的引导,从而提升他们的思想觉悟。对于学生而言,教师运用疏导教育法,能够在课堂中集思广益,提高他们对马克思主义理论体系的认识。疏导教育法在实践过程中主要分为两大方面,第一方面是疏通,疏通的过程就是广开言路的过程。学生大胆表达自己的思想,发表心中的意见。第二方面是教师根据学生表达的思想,进行健康的引导,引导他们遵循马克思主义理论体系的指导思想。在循序渐进的过程中通过疏导教育法,加快思想政治教育的推进步伐。

通过以上概念的归纳我们可以看出,要准确把握疏导教育法的基本内涵要从如下层面入手:一是重视"疏"的作用,疏导教育法是建立在教育双方地位平等、互相交流的基础之上的,即充分发挥了受教育者的自觉主动性,让受教育者讲出心中所想,教育者再根据受教育者的具体问题进行引导,是一种教育主体与教育客体思想、情感互相交流的方法；二是要重视"导"的作用，在教育过程中教育者要发挥主导作用，对受教育者所表达的正确思想观念予以肯定，对于不当和错误的言行进行说服教育，弘扬和宣传正确思想的方法；三是疏导教育法是一种解决人民内部矛盾的方法，应当本着"惩前毖后、治病救人"的原则进行，所以在运用的过程中主要是采取说理教育、真情感化、批评教育和循循善诱等方法进行。由此可见，疏导教育法是由相互联系、相互依存的"疏"和"导"两个方面构成的。没有疏通环节的畅所欲言、广开言路，引导就无法顺利开展；没有引导环节的利导引导、说服教育，疏通也就失去了意义和价值。

（二）疏导教育法的主要方式

疏导教育法是由"疏通"和"引导"两个方面构成的方法体系，"疏通"和"引导"都有其不同的方式。从"疏通"的角度来讲，有集体表达和个别谈话两类方式。集体表达是指针对群体性问题让一定数量或特定组织的群众集体表达意见或看法，主要有民主讨论、干群对话等形式；个别谈话是指针对某个人的问题让个人充分表达自己的思想和意见，主要有书信表述、个别谈话等形式。从"引导"的角度来讲，以"导"的不同形式为依据能够把疏导教育法分为以下三个方面。

1. 分导

所谓的分导也就是分而导之，是指针对某个群体或个人复杂的思想问题而采取的分散、分步、分头而导的方式。分散而导是指针对某个群体共同存在的思想问题，通过逐个分散引导，对群体中每个成员在思想上存在的问题加以解决，切断群体内的不良思想串联蔓延，从而将复杂的群体问题化整为零、逐个击破，最终解决群体问题的方法；分步而导是针对个体思想问题而言的，导致个人错误行为的思想是多方面的，教育者要分清主次、分清轻重缓急，要抓住主要矛盾的主要方面，充分挖掘受教育者问题产生的根源，按照一定的顺序有步骤地进行解决；分头而导是指教育者集中各种人力物力，对集中而严重的思想问题进行全方位引导的方法，要整合各种教育资源、利用有利环境对受教育者进行帮助教育，以化解受教者的情绪。

2. 利导

所谓的利导也就是因势而导，是指教育者要善于抓住有利的时机和环境，对受教育者进行有针对性的、深层次的教育，通过及时的、生动的教育使受教育者真正理解并接受正确、积极的思想。有利的时机可以是正在发生的大事，如建国周年时，可以组织学生集体收看阅兵式，让青年学生通过对我国强大的军队和国防力量的直观了解，感受到伟大祖国的强大，深刻体会中华人民共和国成立以来党带领全国各族人民进行社会主义现代化建设的伟大成就，从而使学生自觉产生爱党爱国的热情，达到教育的目的；教育者也可以抓住某些重大的事件和节日组织开展相关教育活动，如在3月的学雷锋活动月开展的各类志愿服务活动，组织青年学生通过志愿服务的实践，深刻体会到奉献社会、助人为乐的价值，从而引导青年学生积极践行雷锋精神，内化为自身的品德、外化为良好的行为，推动教育对象实现"知、情、信、意、行"的转化，最终形成良好的思想品德。

3. 引导

所谓的引导也就是启发诱导，是指教育者运用"提出问题—分析问题—展开讨论——统一思想"的思路，引导受教育者积极运用头脑进行思考，并通过思想碰撞和比较分析，使受教育者学会透过表面现象探究事物内在的必然的联系；通过对事件正反两方面的解析使教育对象学会用全面的观点来看问题，能够在面对诱惑时保持谨慎，面对挫折时勇往直前；通过开导受教育者改变原来狭隘短浅的认识，学会在看待问题的时候使用全面的、发展的、联系的观点，来开启受教育者的视野、拓展其思维；通过用已知的事实作为依据，使受教育者认识到不良思想导致的严重后果，以达到放弃原有的错误想法、走向正确思想轨道的目的。

（三）疏导教育法的基本特征

1. 重视民主平等

这是疏导教育法运用的前提和基础，也是其首要特征。民主平等首先是指在进行教育的时候，教育者与受教育者的地位是平等的，双方以平等的身份进行交流，受教育者有表达意愿和想法的权利；其次是指教育双方要进行互动，对于某特定的问题，教育双方都发表见解，对方要认真聆听并进行讨论，并就其不明白的地方进行提问、就其不同意的内容进行反驳，是一种朋友式、兄弟式的探讨；最后，教育者也要对受教育者正确的思想进行肯定，对其错误的思想进行批评纠正，是一个互相交流、互相探讨、互相提高的过程，摒弃了教育者居高临下的一味灌输，不给受教育者任何表达想法的权利的传统方式。

2. 强调主体间性

主体间性是主体间关系的规定性，指主体与主体之间的相关性、统一性、调节性。主体间性是两个或两个以上主体的内在相关性，它的基础是个人的主体性。

疏导教育法的主体间性体现在教育主客体之间是相互影响、相互转换的关系。受教育者的主体性体现在可以充分平等地表达自己的意愿和问题，并对教育者的理论有辩论和选择的权利；教育者的主体性体现在对教育活动的组织和设计上，以及对教育对象正确思想的弘扬和错误思想的纠正过程中；教育主客体之间的互相转换体现在教育双方是一种交融性的存在，是一种"主体—主体"的思维模式，即是一种教学相长、青蓝互滋的和谐状态。

3. 注重人文关怀

这是疏导教育法的情感延伸，也是疏导教育法有效性的重要基础。疏导教育法要求教育者认真倾听教育对象的思想和意见，当然也包括情感层面的问题，并且要求教育者将情感内容作为核心话题与教育对象进行交流探讨。在帮助教育对象的过程中不仅是理性内容的灌输，更重要的是情感问题的疏通，只有疏通了情感才能使教育对象以良好的风貌和积极的心态来接受正确的思想。教育者要真正将教育对象当成自己的家人、兄弟和朋友，真正地关心他们、关注他们的实际问题、关注他们的发展；疏导教育法要求教育者肯定人的个性与价值，尊重并关心教育对象选择的权利，维护并支持教育对象的个性发展。

4. 突出强针对性

这是疏导教育法取得实效的基石。疏导教育法要求教育者在认真倾听教育对象具体问题的基础上进行分析辨别、归纳总结。要针对不同教育对象的不同问题，采取不同的方法，具体并且实际地为解决教育对象存在的问题提供帮助；对教育对象的合理诉求应该积极地进行反映，搭建好沟通的桥梁；要善于借助各种环境、充分运用各种人力、物力条件形成教育合力，帮助教育对象解决大的问题；要借助具体的典型、理想或价值给受教育者以直观的感受和刺激，使受教育者明辨是非、明确努力进步的方向，要关注受教育者个人的要求，帮助教育对象解决与自身成长和发展相关的实际问题，最终使教育对象真正得到帮助。

（四）运用疏导教育法的必要性

从疏导教育法的定义出发，就会发现与一般的思想政治教育的方法最大的不同在于，疏导教育法强调对学生的分导、利导与引导，这是强调师生思想互动与交流碰撞的过程，而绝非是一种单方面、单向度的灌输。这种方法是符合学生及社会发展的需要的。

第一，疏导教育法重视民主平等，符合师生关系的内核。民主平等指的是教育过程中，双方的地位是平等的，双方都能够平等地表达自己的想法并对这些想法进行充分的交流与互动。同时对于某特定的问题，双方都必须要都发表见解，而不是教师占绝对的主导地位。在高校以人为本，立德树人的大的教育背景之下，疏导法的这一点恰恰契合了当今学校想要构建的一种师生关系。给学生充分的权利表达自身的思想情感，摒弃了教育者居高临下灌输的做法。

第二，疏导法强调针对不同的学生采取不同的教育方法，为解决受教育者的实际问题提供帮助，这种方法的针对性更强并且能够发挥更大的作用。疏导教育法要求教育者必须要认真倾听受教育者思想上的问题与困惑，并且在此基础上对问题进行总结梳理，帮助学生完成自身的成长。整个过程中，都十分注重受教育者自身的看法与感受。教育中，每一个个体都是与众不同的，只有建立在对学生本身个性的了解的基础上，才可以为解决学生思想方面存在的困惑提供帮助，并且与教育的基本规律相符合。也能够更高效、更有针对性地对学生进行教育。

第三，疏导教育法在高校中有很大的适用性，使用起来非常广泛。疏导教育法是随着我党的思想教育的创立而产生的。可以说，疏导教育法与思想政治教育是相辅相成、骨肉相连的。运用到高校中，疏导教育法强调对学生本身状况的关注，对正处于思想价值观形成关键期的大学生来说，具有很好的适用性且易于操作，因此在高校当中运用得非常广泛。思想教育工作者常常在不知不觉中使用疏导教育法对学生进行劝导，无论是专业课还是思想政治教育课，教师一般会在与学生进行交流的时候疏导、整理学生的思想，与学生交流沟通。但这大部分都是在一种无意识的自主情况下使用的，缺乏具体的训练。

（五）发展疏导教育法的措施

1. 营造民主的制度氛围

随着我国社会主义制度的不断完善和社会经济的不断发展，我国传统的等级观念逐步被打破，在客观上也为疏导教育中教师与学生，以平等的身份参与到疏导教育法中提供了有利的条件。要营造民主的制度氛围应该做到以下两点。

首先，教师在面对教育对象的时候，应该始终保持平等的态度，尊重他们的权益，让学生自我教育的积极作用得到充分的发挥。让学生能够更加积极主动地接受教育。在平等民主的氛围下，学生只有充分暴露自己的思想问题，提出自己的困惑，教师才能更好地解决学生的问题。学生将所学习到的思想、观念、规范纳入自己的意识体系，成为自己意识体系的有机组成部分，才是真正被学生所接受的。

其次，在教师与学生之间建立平等对话双向沟通的机制。例如，建立网站，让教师轮班在线，这群当学生遇到问题的时候，不管是什么时候或者处在什么地点都能与教师进行交流。设立学院短信提醒服务，每周给学生发送温馨的贴士，关心学生的生活与学习。公开书记和校长的邮箱，让学生可以畅谈自己遇到的问题。通过机制的建立，教师要清楚、完整地了解到学生的问题所在，把学生的错误思想拉到正轨上。平等机制的建立不仅需要教师和学生的合作，更是一种信任，所以我们要激发学生的积极性，让教师与学生共同探索民主氛围营造的方法，这样也更能符合学生的心意，更容易被学生接受。

最后，鼓励和支持学生有组织、合理地表达诉求。疏导就是要广开言路、集思广益。要广开言路，就必须创造条件，让学生把各种意见讲出来。学生可以通过广播、微博等合理地表达自己的诉求，针对大部分学生都共同反应的诉求，学校应该积极地与学生进行沟通。

2. 创造利于疏导教育法的条件

疏导教育法的顺利开展需要一定的物质基础，学校要为疏导教育法的开展提供良好的场所、给思想政治教育课程提供合理的课程安排，为思想政治教育课提供新兴的技术和设备。首先，学校既要为疏导教育法的运用提供固定的场所和固定的时间，方便师生间的交流与融合；学校也要为疏导教育法的运用提供不固定的场所和时间，对于一些突发的问题，矛盾尖锐的、亟待解决的问题能够灵活地处理。其次，学校需要为疏导教育法的运用安排相应的课程。每一个方法都有自己的理论知识，有自己的专门概念、范畴和术语，因此在操作之前需要对理论进行学习，了解疏导教育法的概念、表现方式、形成原因等。在对基本的疏导教育法有了了解后，教育者应更加深入地研究疏导教育理论，组成课题小组，在理论成功的前提下，加以实践，从而推进疏导教育的发展。学校要为疏导教育法的运用提供新的技术和设备。如今，大部分学生都离不开电视、网络，有甚者已经对它们产生了依赖，与各种传播媒介"为伴"已经成为学生生活与学习的不可缺少的方式。学校要利用现代学生的这种特点，顺应学生的爱好，在学生的爱好和习惯中贯彻疏导教育。

3. 创新疏导教育法的方式和载体

教育者需要对自己在实践中形成的疏导教育方式进行及时总结，提高对疏导教育的理解，有效地运用疏导教育法。教育者可以加强疏导教育知识和心理学知识的结合，了解高校学生的心理特点，从而跟学生进行更加有效的交流。教育者可以用马克思主义理论教育学生具有高尚的思想道德情操，积极乐观的态度，革命探索的精神。教育者可以加强网络技术的运用，从而扩大疏导教育的应用平台，拓宽疏导教育的应用范围。随着社会经济的发展，传统的书信、面谈，在教育中发挥的作用越来越受到限制，教育者应该在疏导教育法中加强对于新科技的应用，包括建立局域网络、开通教师问答专线、手机短信温馨提醒等新科技手段。

二、榜样教育方法

（一）榜样教育法的定义

榜样教育法是指树立先进典型，以先进人物的先进思想与事迹为榜样，对人们进行教育，从而提高人们的思想认识、道德素质和政治觉悟的一种方法。在德育教育中，榜样教育法能够发挥巨大的作用，具有示范性、生动性和激励性等特征。教育者要想自己的教育获得更好的效果，就必须要对上述特征有充分了解，将受教育者本身的积极性激发出来，并且对受教育者的潜能进行挖掘。在恰当的时间采用适度的榜样教育法，对于教育者的个性发展与个人素质的提高可以起到促进的作用。但是，如果过度地使用榜样教育法就会导致受教育者产生心理疲劳，产生的效果会与预期的效果相反，没有任何价值可言。传统思想政治教育采取的大多数都是社会化的育人模式，只重视为经济的发展提供服务，但是却对个体发展的诉求熟视无睹。所以，要想让个体身心发展的需要得到满足，就要对人文理念进行完善，以此让受教育者的综合素养得到提升是必不可少的。

（二）榜样教育法运用存在的问题

1. 部分大学生对榜样的认可度偏低

据调查，对统一榜样的认可度，大学生群体远远低于中学生。各种不良社会思潮的泛滥导致部分大学生对榜样有着严重的认知误区，对榜样的认可度不高。部分理论知识不扎实、道德素质不高的大学生很容易受外界不良舆论的影响，对榜样产生不正确的认识和评价。

2. 思政课程不够重视榜样教育法的运用

（1）不重视运用榜样教育法

部分高校思政课中采取单一灌输的教育模式，忽视了榜样教育法的运用。时代在发展，大学生的思维方式也会因此而产生变化。有些高校运用的仍然是过场式"听课"的思政课堂，即教师讲课，学生听讲，教师与学生之间缺少交流，课堂也几乎没有互动。极少数的教师在思政课堂中运用的仍然是单一的填鸭式灌输教育，做不到多种教育方法的综合运用。就算是使用了榜样教育法，其目的也只是为了让课程更加完整，在向学生传达榜样精神的时候，只会采用口头讲述的方式。

（2）部分思政教师做不到以身作则

榜样教育法在思政课中的运用在很大程度上体现为教育者自身对大学生的榜样教育，教育者的一言一行都会对学生产生重要的影响。在进行实际教学的时候，少数思政教师作为思想教育者，却不能给大学生灌输积极向上的思想观念和道德价值观，而是在课堂上随意发表消极不当的言论。甚至还有极个别教育者做出违背道德、触犯法律的行为，更是对大学生造成严重的负面影响。思政教师不能发挥模范带头作用，这是榜样教育法在思政课堂上失效的重要表现。

3. 大学生难以做到榜样精神的知行合一

榜样精神难以落实到具体的榜样行为的一个重要的表现就是，大学生并非不想而是不能完成自己的知行转化。很多大学生表示，每次听完榜样教育的讲座，或者观看完榜样人物纪录片都会深受触动，精神受到鼓舞。然而，受教育者在接受和认可榜样精神之后也无法实现百分百的行动落实。要么是因为对榜样精神的感慨难以长时间持续，还没等去做那股热情就没了；要么是因为榜样实在离自己生活太遥远，找不到方式去落实。在现实情况下，榜样教育活动很难落实到某一具体部门，也就很难有常规性、标准化的实践活动，也难以进行持续的跟踪和监督。众多原因都导致大学生没有将实践榜样精神看作是一个必须完成的环节，不能及时或者长久地实现榜样精神的知行转化。

（三）强化榜样教育法运用的途径

1. 发挥大学生自我教育的作用

学校要净化校园网络环境，营造健康的网络学习氛围。随着科技的快速发展，互联网已经全方位渗透到了大学生的日常生活当中。大学生身处的校园环境不仅包括实体的校园环境，还包括虚拟的网络校园环境。目前，各大高校几乎都有内部的网络共享平台，比如官方网站、微博、微信公众号等。互联网传播的广泛性、快速性、盲目性等特点都对校园网络环境的健康度产生了一定影响。学校要充分发挥互联网的积极作用，利用网络宣传正面典型的积极影响。

（1）提升对榜样的认同

首先，大学生要加深对榜样的深层认知。一方面，大学生要关注不同类型、不同层次的榜样群体，不同类型、层次的榜样闪耀着不同色彩的光芒。除了要学习和了解与自身联系密切的榜样群体，大学生也要加深对其他层次榜样的了解，接受多种榜样精神的熏陶，促进自身的全面发展。另一方面，大学生要通过多种途径全面、完整地认识榜样。媒体对榜样的宣传和报道往往是弘扬其主要的精神品质，大学生要深入挖掘榜样事迹和榜样行为，不断提高判断是非的意识和能力，避免因为认知的片面性而产生对榜样的误解和扭曲。

其次，大学生要提升对榜样的认可。党和国家对榜样进行评选和表彰，是由于其对国家和人民做出了巨大的贡献；社会对榜样精神进行宣传和弘扬是因为其体现了社会主义核心价值观和社会主流的价值方向。榜样模范人物计利国家、无私奉献、艰苦奋斗，推动了国家的富强和民族的振兴，是时代的楷模。大学生群体要对做出巨大贡献的人们给予鲜花和掌声，坚决反对攻击和侮辱。青年大学生要自觉避免不良文化思潮的影响，坚定社会主义理想信念，加强对榜样人物和榜样精神的认可度。

（2）用行动践行榜样精神

习近平总书记指出，广大青年要把正确的道德认知、自觉的道德养成、积极的道德实践紧密结合起来，自觉树立和践行社会主义核心价值观，带头倡导良好社会风气。[①]对于习近平总书记的嘱托，大学生应该牢牢记住，脚踏实地学榜样，诚诚恳恳做实事。

一方面，大学生要积极参与校内榜样教育实践活动。高校是榜样教育的主阵地，也是大学生成长和发展的主要平台。大学生要积极响应学校的号召，用行动支持榜样的宣传教育活动。积极参加校内榜样的评选和选拔活动，促进榜样选拔机制的民主性和透明化，发扬自身的主体性作用，支持和协助学校组织的榜样宣传活动，了解榜样事迹，学习榜样精神。尤其是党员学生干部要充分发挥示范引导作用，在学习生活中坚定理想信念，关心其他学生的生活与学习，并且在他们遇到困难的时候，为其提供帮助，成长为道德与品质都优秀并且乐于助人的学生榜样。

另一方面，大学生要乐于参加社会上的榜样实践活动，自觉在生活中发扬榜样精神。大学生不仅成长在高校环境中，更扎根于社会大环境中，是社会的一员，要积极响应国家号召，参与学榜样的社会活动。要积极响应国家政策，敢于到基层服务国家和人民，敢于在艰苦的环境中彰显自己的价值，大学生只有在奉献社会中才能真正实现自己的个人价值。

---

① 引自2013年5月4日习近平《在同各界优秀青年代表座谈时的讲话》

2. 形成尊重榜样和学习榜样的环境

(1) 家庭教育父母要做好榜样

家庭教育要注重父母的榜样作用。模仿是人的天性，榜样教育法更是源于人的模仿心理。家庭教育中父母要做好孩子的表率，担负起教育孩子的重任。上行下效，父母遵纪守法，孩子便不会罔顾法律；父母勤俭持家，孩子便不会铺张浪费；父母知书达礼，孩子也会文明礼貌。父母应该用实际行动对孩子进行教育，让其能够践行社会主义核心价值观，并且引导他们热爱祖国、热爱人民，传播优秀中华民族传统美德。

(2) 营造浓厚的校园榜样教育环境

学校榜样教育宣传要常态化、多样化。榜样教育法在高校思想政治教育中的运用应该在日常的校园活动中就有所体现，而不是仅仅体现在思政课程上。榜样教育的各个环节应当在高校活动当中常规化。组织学生参与榜样的宣传既可以营造良好的氛围，又可以增强大学生对榜样的心理认同感和崇拜感。常态化的学习、宣传榜样活动可以降低榜样教育的政治性和官方性，成为大学生自己的实践活动。榜样教育活动要打破传统自上而下的宣传模式，发挥大学生的主动性和积极性。学校还要支持思政课堂实践活动、学生会社团的课外活动，鼓励实践教学。

(3) 政府要健全学习榜样的激励机制

政府首先要做好榜样正当权益的保障机制。榜样人物最基本的权益必须受到社会和人民群众的尊重和维护，这也是对榜样最基本的尊敬。政府要做好榜样人物的权益保障，从制度上保护榜样的正当权利，从根本上给社会大众一剂"定心药"。政府还要做好榜样行为的奖励机制，心理学家阿尔伯特·班杜拉（Albert Bandura）提出的"替代强化理论"为榜样奖励机制提供了重要的理论支撑。该理论认为，模仿者会因为看到榜样受强化而受到强化。政府给予榜样行为的鼓励和奖励会成为一种积极的诱因，增加社会其他成员学习榜样行为的频率。

三、言教与身教结合方法

（一）思想政治教育的言教

亚里士多德曾说："品质的选择既离不开理智和思考，也离不开伦理品质，因为不论是好行为还是坏行为，都是思考和习惯结合的产物。"① 而个体所接触或

---

① （古希腊）亚里士多德著；杨泽译；（德）马克斯·韦伯著；雷震译 （英）J.S.密尔著 孙羽译. 尼各马科伦理学. 北京：中国社会出版社，1999.

接受的理论、观点，以及社会所提倡的价值标准，无疑对"思考"的内容及"思考"的结果产生着重要影响。也就是说，他人及社会中的各种言教对个体采取某种行为前的思考有着重要影响。言教不是简单地说说话、写写字，教育者的言教必须讲究艺术。在学校教育中，有很多为人师表的教师对工作尽心尽职，对学生关怀备至，可是却不是十分重视对科学的教育方法进行探寻、对学生的接受心理进行研究与观察，热衷于"单向灌输"，对"精诚所至，金石为开"的古训的理解存在错误，总喜欢了无休止的空洞说教、机械重复，往往会造成相反的结果，达不到预期的教学效果。最后"苦口"欲碎，"婆心"见违，但是受教育者却对其传授的内容毫无兴趣，置若罔闻。

（二）思想政治教育的身教

俗话说"桃李不言，下自成蹊。"教育者的言教固然重要，但是身教重于言教，其主要的原因是对真理进行宣传的人能够对真理执行到什么程度，决定了人们对真理的相信程度。榜样之所以能成为教育者德育方法的精髓，主要在于道德最深刻的本质，即社会契约。道德是社会建立或认可的关于每个人应该如何行为的社会契约，它是对每个人的行为的规范和约束，是对每个人的自由和欲望的一种压抑和威慑。古希腊伟大的哲学家柏拉图认为人的灵魂里面有一个较好的部分和一个较坏的部分。而且"美德是一种，邪恶却无数。"所以，在人的灵魂中，占据比例最大的"欲望"必须接受"理智"的领导，这样才能实现人的正义。思想政治教育中倘若教育者能够身先士卒地践行道德规范，那么受教育者就非常容易在情感上与之产生共鸣，道德升华欲望的程度和想成为有德的人的意识也会得到加强，从而克服其他相互矛盾的感觉和欲望，触发遵守道德的实际行为，成为一个有德行的人。

教师的"尊严"其实就是在自己的言谈举止、所作所为，它是应被同学们充分肯定的基础上树立起来的；在坚持真理，改正错误中建立起来的。一个没有学识的教师，学生轻视他，而一个品德不好的教师，学生会看轻他。在现实中，有个别教育者在面对受教育者的时候，通常会以社会公认的、先进的做人规范来教导他们，而在自己的日常工作和生活中，则以自己所信奉或具有的做人规范行事，导致"双重人格"的形成。这是表里不一的表现，不仅难以让受教育者"听其言，信其道"，更会引起受教育者的反感。教育者应该要切记自己的每一个举动都是一面镜子，要想自己的"说"具有力量，一定要"做"得好，只有行为是正当的，其言语才能够具有说服力。行为超过了语言，语言才能做到掷地有声。当然，教育者的身教并不是要教育者逐个躬行自己的"所言",而是,自己的"所行"必须符合自己的"所言",只有语言与行为相一致,人们才有可能真正地对你感到信服。

(三)言教与身教的关系

身教虽然重于言教,可是这并不意味着就可以不重视言教了。思想政治教育是做人的思想的工作,当受教育者出现各种各样的思想问题时,教育者必须先以言教为主要方式对其思想进行疏导和开通,使其克服心理障碍。所谓"人言可畏""三人成虎"也充分说明了"言"的重要性。言教与身教两者之间既有区别又有联系,是辩证统一的关系。

二者之间的区别主要体现在几个方面。首先,从字面上就能看到言教和身教的含义不同,这是两种不同的思想教育手段。其次,在实际的教育过程中也是有很大区别的,言教主要以语言表达的方式为主,依赖的大多是理论知识,也可以说是真理的力量。在言教的过程中,一定要把握好思想政治教育的内容,要求不仅要符合规定,还要符合教学实际,对客观的事物和人做出客观的分析和认识,让学生通过语言的表达了解到思想政治理论。而身教主要依托的是教育者自身的魅力,也可以说是人格影响力。使用身教这一教学方法,就要求教育工作者一定要成为学生心中的榜样,在实际的教学过程中,以自身的实践和经历作为教学标杆,提倡自身的道德观念。而且无论是在课堂教学中还是生活中,都要严格要求自己的行为,通过自身的示范为学生树立榜样。

同样二者之间也存在一些统一的表现。其中最明显的表现就是身教的教学方式离不开言教。因为即便是教育工作者成为学生的榜样,在教育的过程中也离不开语言的表达,很多优秀的道德品质和政治思想是需要通过语言表达来进行传递和引导的。同样的道理,言教也离不开身教。对于擅长使用言教的教育工作者而言,进行任何形式的教育实践,学生都会参考教师的品德,无论是什么样的情况,教师总会自然而然成为学生的榜样。对于身教来说言教是对自身的一种表达,通过语言体现教育工作者自身的优秀品质及思想觉悟。而对于言教来说,身教是对自己的严格要求及实践行动,更像是一种无时无刻不在的命令。

俗话说"运用之妙存乎于心",掌握科学的方法对提高效果、达成目标,起着至关重要的作用。言教与身教作为思想政治教育的重要方法,如果能够运用得好,就可以实现预期目标,提高受教育者的道德水平;如果运用得不好,不仅难以实现其目标,而且还会适得其反,产生负面作用和消极后果。所以教育者不仅仅应该做到言之有理,而且应该做到反躬自身,身体力行。在思想政治教育中也是同样,每一个受教育者对教育者也是要"听其言,观其行"的,只有教育者自己先做到言行合一,受教育者才会"信其言,从其道",内化各种优良道德,做一个有美德的人。

(四)言教与身教有效结合的途径

思想教育工作者要做到言教与身教有效结合,必须做到以下两点。

首先,必须努力使自己成为学习和实践马克思主义、宣传和贯彻党的路线方针政策的模范。努力学习党的路线、方针及政策,对要其进行宣传,并且要身体力行,这是思想教育者党性原则的表现,也是一项基本的工作职责。所以,教育者必须处处为人民群众利益着想,时刻保持与人民群众的血肉联系,同任何破坏党的路线方针政策的行为做斗争。同时,还要用党的路线方针政策教育人民群众,使之变为人民群众的自觉行动。

其次,思想教育工作者还必须严以律己,在社会生活的各个方面起表率作用。作为党员领导干部和思想教育工作者,必须要牢牢树立为人民服务的根本宗旨,牢固树立正确的人生观、世界观、价值观,坚定理想信念,做对党忠诚、让人民信服的言行一致且高尚的"榜样"。榜样的力量是无穷的,党员领导干部和思想教育工作者以身作则,对实现党风和整个社会的风气具有决定的意义。如果干部和思想教育工作者在生产、工作、学习中处处当模范,事事作表率,这就是无声的命令,人民群众就会跟着学,就会带出好的风气。所以,不论是端正党风也好,进行思想教育也好,党员领导干部和思想教育工作者都必须以身作则,成为人民群众的表率。身教在先,言教才会更具有信服力,言教与身教有效结合才更能达到预期的教育效果。

四、坚持学术性与政治性相结合

科技是第一生产力,科学研究是时代赋予高校的主要职能之一,本质上是合目的性和合规律性的内在统一体。科学研究在探索事物的客观规律的过程中,既能产出学术性成果,同时也起着培养人才的作用,依托科研活动对大学生进行思想政治教育,有助于培养学生开拓进取的创新精神、求真务实的诚信品质和报效祖国的至诚之心。在高校全方位思政体系中坚持学术性与政治性相结合挖掘科研育人功能,首先,要营造风清气朗的科研环境,保证学术生态的健康发展。高校不仅要构建科学研究管理机制,对科研前期的申报等基本步骤与程序进行精简和优化,减少外部干预,鼓励创新成果研发,推动科研资源的公平、合理分配;而且要制订具有可行性、针对性的科研成果评价标准，把科研评价标准放在对科研成果的"质"上，建立科研诚信档案，将其作为职称评定、人才流动晋升时的硬性参考标准，对学术不端的行为进行严惩。其次，要加强科研人员的政治修养，确保高校科研的社会主义属性。"国之所需，科研所向"，在国家发展的关键时期，一批黄大年式的科研工作者积极投入了祖国建设，我们要大力弘扬榜样事迹，培植科研工作者的爱国主义情怀，自觉地将个人发展和与国家、民族的前途命运相联系，在前沿难题、关键技术的攻克、突破中，以解决国家需要，满足人民需求为首要前提，在科研中体现社会主义属性。

把中国特色社会主义文化作为重要的教育要素和教学资源，感染学生、贴近学生，引起大学生对于文化精神的共鸣，是提升高校思想政治教育工作的亲和力和感染力的有力举措。营造文化育人氛围可以加强大学生对中华优秀传统文化、革命文化和社会主义先进文化的认同，树立文化自信，培养文化自觉，其成为高校全方位思政育人体系的力量源泉、精神滋养。打造高校全方位思政育人体系，要求坚持显性教育与隐性教育相结合打通文化育人脉络。首先，要利用显性文化资源，优化校园环境。不仅在校园雕塑、园林设计等实体资源的设计和建设中，融入中国特色社会主义传统文化元素，活化传统文化意蕴，在本校图书馆、校史馆或宣传栏设立文化角、张贴海报等，结合本校校史、荣誉校友的真实事迹对学生进行熏陶，而且要充分发挥地方优势，建立红色文化教育基地，深化校地合作，以当地革命遗迹、博物馆为依托，鼓励学生在实景中感受文化激荡。其次，要激活隐性文化资源，培植校园精神。一个学校的校训、校歌体现了该校的办学特色和历史使命，积极引导学生自觉参与校训、校歌的编写，有助于塑造学校师生向上、求知、求进的精神面貌。同时，可以定期聘请国学专家、革命前辈开展主题讲座，在节庆纪念日时段开展形式多样的文化活动，在潜移默化中输出思政教育内容。

五、坚持结合实践，抓好第二课堂

所谓第二课堂指的是高校在专业课程之外的知识补充类课堂活动，形式多样化，以实践活动为主，例如创新课题研究、兴趣活动主题创作、知识竞猜、社会调研等，均属于第二课堂的范畴之内。中国人民大学成立博士生服务团、研究生支教团，组织学生深入延安等革命老区开展实地考察，创立了"千人百村"等品牌调研项目，不断在实践锻造中推动第二课堂的建设。实践是认识的来源，也是认识发展的最终归宿，始终坚持将理论教学与实践活动相结合的路径，发挥第二课堂建设的应用价值,是高校全方位思政育人体系构建的必要基础。首先,在高校全方位思政育人体系的第二课堂建设中,不能忽视思政课程理论知识的传输。要把思政专业理论知识贯穿于第二课堂的运行、升级始终,在指导第二课堂建设的同时引导学生在实践中检验所学理论成果的真伪,帮助学生将感性体验提炼升华为理性观念。其次,在高校全方位思政育人体系的第二课堂建设中,针对不同性质、不同类别的实践活动,要由教师进行指导,分类提出具体要求,并提供一定的物质条件支持,以实效性为标的推动大学生从思想认识到技能应用的转化。在对不同类别的实践资源进行整合开发与项目管理的同时,还要注重对实践活动的内容进行创新与丰富,对实践活动的开展形式进行改革与调整,并且要大力推进产、学、研相结合,创建实践活动的开展平台,加大对社会实践活动的支持力度。让学生在亲身体验和接近社会的过程中全面提升实践动手操作的能力水平,从内心真正生成感悟,树立浓烈的、真挚的家国情怀。

六、线上线下教育相结合,充分利用网络新媒体

利用高校在思政育人体系建设中的育人载体作用,要坚持线上与线下教育相结合的方式,充分发挥网络新媒体在当代大学生思想政治工作方面的育人功能。北京大学将育人阵地延伸到网络并进行了充分探索,为实现价值传承和行为塑造的目标——培育"网络新青年",在师生共建中打造了"未名BBS""P大树洞"等品牌化交流平台。互联网对当代大学生所产生的影响具有双面性,从有利的一面来看,互联网以其速度快、及时达的特点为大学生的学习、生活提供了便利,开拓了学生的视野,也为思政育人工作提供了平台;从有弊的一面看,大学生的人格尚未健全,缺乏社会经验,辨别能力较弱,互联网环境的信息海洋中掺杂的大量的无用、负面的信息,可能会对大学生思想观念的塑造和培育产生误导,不利于主流意识形态的养成。因此,高校在思政育人体系的创建过程中需要扬长避短,充分发挥出互联网的优势,合理开发互联网资源,顺应新媒体时代下的育人发展趋势,打造线上线下的协同教育机制。这不仅能够提升高校思政育人机制的全面性与连续性,同时也更加符合当代大学生的心理需求和期待。全面建成全方位思政育人体系,高校要深化网络教育,注重校园网络文化的建设,搭建网络教育公共平台,利用网络渠道进行思政育人资源的收集与检索,丰富育人内容,净化网络空间内容,建立起一支专门化、职业化的网络育人的工作队伍。例如,高校可以通过微信、微博、QQ等社交媒体网站建立与学生近距离沟通的渠道和平台,

关注学生的思想动态变化，为学生成长过程中所出现的思想困惑提供指导和帮助；通过互联网渠道进行授课，方便大学生利用自己的碎片时间进行阅读；制作影像和音像、动态和静态相结合的教学素材，使原本抽象化的理论知识转化为立体化、动态化的生动模式，深化学生的记忆和印象。此外，要注重线上与线下的协同与配合，以线下为主，以线上为辅，在不同的场合中、不同的主题下加以应用，将"键对键"作为"面对面"的有力补充，以起到事半功倍的效果，增强高校全方位思政育人体系的灵活性。

七、德治法治相结合，严格管理育人方法

管理育人是指高校在规章制度、群体公约体系层面对大学生行为习惯进行管控，以实现对大学生思想政治教育工作的基础保障。重庆大学制订了《管理育人体系建设方案》，由校领导牵头，带领各职能部门积极承担管理责任，坚持以完善的制度育人、以优秀的队伍育人、以良好的氛围育人的理念，力求真正把管理转变成为润物无声的教育工作，实现育人目标。近年来中国特色社会主义治理体系进程持续深化，而其中的显著特点之一，便是依法治国与以德治国两者的有机结合。法治的优势和特点集中在强制性、明确性、规范性、普遍性及平等性方面，但是法治的不足之处在于，法律法规的出台与修订带有滞后性；德治的优势体现在调节性、广泛性、内在性等方面，但是其不足之处在于强制性和规范性薄弱、评价标准的多元主观性强。坚持德治与法治相结合可以实现两者的优势互补，不断提升我国的治理能力和治理水平，这也为高校全方位思政育人管理体系的生成提供了逻辑前提。在高校全方位思政育人体系的构建中，既要进行制度化的管理，对大学的章程、规范、制度、校规校纪等规定进行健全和完善，面向全体大学生展开法治教育，增强当代大学生的法律观念和守法意识，全面提升高校的教育治理工作的公平性，以校规校纪对学生行为进行硬性把控、约束，打造现代化的教育治理工作体系，为高校思政育人体系的创建提供保障性措施；又要处理好管理目标和管理内容之间的关系，采取春风化雨般的方式方法，净化校园的不正之风，培养正面向上、健康的校园风尚。以道德教育对学生进行软性感染和熏陶，彰显高校思政教育的人文关怀和专业化水平，增强管理系统内部的黏合性。

八、实际精神问题结合，增强服务育人能力

服务育人是指利用高校后勤保障部门的力量在为师生提供服务工作的同时影

响人、塑造人、培育人。陕西师范大学坚持把解决实际问题与精神问题相结合，以师生需求为出发点，梳理各个后勤岗位的服务育人功能，加强对后勤人员的培训、管理和监督，打造"生态服务岛"，引导后勤系统在提高服务能力的同时，以文明礼貌、热情乐观的态度影响师生，实现"一体化""一站式""内涵式"服务育人。高校的后勤保障部门包括：图书馆、校医院、保卫处等，由多个实体构成，涵盖师生生活的衣、食、住、行、学习各个方面，是思想政治教育工作实现常态化、日常化的有力抓手。构建全方位思政育人体系，增强服务育人能力要始终围绕师生这一受众，首先要增强供给能力，提供靶向服务。第一，采取公开透明的方式，面向社会群体机构公开招标。不仅要考虑投标机构的专业化水准，还要对机构的经营理念和人员素质进行综合考评，同时邀请学生代表对招标过程进行全程监督，推动服务向实用化发展。第二，采取网格化管理方式。实现与所属片区内的服务资源协调联动，通过共享扩大资源供给度，推动服务向便利化发展。第三，完善信息沟通平台。通过公众号、App等手段畅通师生与后勤部门的互动渠道，推动服务向智慧型发展，确保供给方和接收方的信息对称，及时处理反馈意见，优化服务。其次，加大宣传力度，弘扬工匠精神。宣传后勤先锋的先进事迹，在提升身处后勤服务岗位人员的自豪感和荣誉感的同时，不断给高校师生施加工匠精神的正能量影响。

九、扶困与扶志相结合，提高资助育人水平

所谓资助育人指的是要将"扶困"与"扶智""扶志"联系到一起。西安电子科技大学出台了《资助育人质量提升计划实施方案》[①]，将育人作为资助工作的核心思想，坚持以学生为本，利用大数据打造主动、精确的，集物质、道德、能力、精神培养四个层面一体化的发展性资助育人机制。高校要创建长效的资助育人机制，形成国家层面、学校层面、社会层面，以及学生层面四者并存的资助体系，不仅要对面临生活困难的大学生提供物质层面的帮扶，使大学生在校期间的生活没有后顾之忧，而且要把无偿与有偿资助、显性与隐性资助等不同形式的资助结合到一起，在物质帮扶的同时，也从精神层面上对学生进行道德熏陶，最终使大学生培养起自强自立、心怀感恩、勇于承担的责任意识和奋发图强、积极向上、要求进步的进取观念。首先，资助育人要体现在奖助学金等的物质资助发放上：一要强化档案意识，利用实地家访、大数据参考等方式建立动态数据库，完善申

---

① 西安电子科技大学.资助育人质量提升计划实施方案.2019年5月

请认证标准，及时更新受助学生信息；二要加强诚信教育，通过政策宣传、榜样带头的方式，加强对学生的诚信教育、感恩教育，从思想源头杜绝申报材料弄虚作假的现象，确保基础性工作做实做稳，推动国家资助资金公平精准落地；三要增设勤工俭学岗位，以"铸梦""铸魂"为前提"助学"，按学生自力更生和艰苦奋斗的意识品质提供助学。其次，针对专业学习上存在困难的学生，成立1V1课外帮扶小组，或者以学科带头人牵头的方式建立"周末小课堂"，帮助困难学生收获自信，增加学识。另外，针对学有余力的同学，吸纳社会资金成立"双创基金"，支持学生进行科学研究，拓宽其发展路径，推动高校资助由保障型向发展型转变。

第五章　新时代高校思政育人的多样化创新策略

本章的主要内容为新时代高校思政育人的多样化创新策略，我们主要介绍了三个方面的内容，分别是思想政治课的实践教学、传统文化与思政课程的融合，以及新媒体与思政课程的融合。期望能够通过讲解，提升大家对相关方面知识的掌握。

第一节　思想政治课的实践教学

一、思政课实践教学内涵、目的与意义

（一）思政课实践教学的内涵

思政课实践教学，顾名思义就是在思政课理论教学全部完成的前提下，通过各种形式的具体实践途径，让学生进行体验和反思，达到对思政课课堂所学理论知识的消化、吸收，进而内化为学生自己的理念和价值观，外化为学生的具体行为，真正实现学以致用。同时帮助学生培养和树立马克思主义的世界观和方法论，成为优秀的新时代社会主义建设者和接班人。

1. 思政课实践教学的含义

思政课实践教学是思政课的一种教学形式，并不拘泥于某一种方式，而是多种不同方式的组合或者说结合。具体来说就是思政课内实践、校内社会实践和校外社会实践三种实践方式的结合。

思政课内实践是指在思政课的课堂教学过程中，思政课教师组织学生在课堂上开展诸如小组讨论、主题辩论、演讲、历史情景剧等活动，让学生运用思政课

上所学的理论知识对某一个具体问题进行分析，提升学生对生活、对问题的思辨能力和解决问题的能力。

校内社会实践是指在高等院校校内通过各类社团组织，或者与学校各个部门合作，如图书馆、团委等，在校内开展各种类型的校园文化、宿舍文化、班级文化和社团文化建设活动，让学生在参与学校的集体活动中提升团队意识和协作能力，提高自身的综合素养。

校外社会实践是指学生利用课余时间或者寒暑假，在校外进行志愿服务、社会调研、义务劳动、岗位见习、参观访问等活动，了解群众的冷暖疾苦，体察社情民情，让学生在社会参与中加深对社会的认识了解和情感体验，激发学生爱祖国、爱家乡的热情，培育和增强学生的社会责任感。

2. 思政课实践教学是一种具体的教学形式

思政课的实践教学不同于学生在大学阶段进行的社会实践和专业实习活动。专业实习是在专业教师的协助和指导之下，让大学生深入工作一线进行具体工作，旨在帮助大学生强化专业知识，提升学生职业技能与职业素养。而大学社会实践活动则是高等院校按照人才培养目标对大学生进行有计划、有组织的社会锻炼，主要以暑期社会实践活动、志愿服务活动等为主，旨在提升学生理论联系实际的能力。思政课的实践教学是将思政课的课内实践、校内社会实践和校外社会实践三种实践方式有机结合，旨在将学生在思政课堂上所学的理论知识与具体的社会实践相结合，进而帮助学生树立正确的世界观、认识观和价值观，从而有效提升学生的思辨能力、创新能力和解决问题的能力。由此可见，专业实习和社会实践都与思政课实践教学有诸多共同之处，但是又有着明显的区别。思政课实践教学是一种具体的教学形式，它服务于思政课的具体教学目标，不是泛化的社会实践或者专业实习。

（二）思政课实践教学的目的

思政课实践教学环节是思政课教学的重要组成部分，其根本目的在于引导当代大学生理论联系实际，运用马克思列宁主义、毛泽东思想、邓小平理论、"三个代表"重要思想、科学发展观，以及习近平新时代中国特色社会主义思想的要求去认识国情、了解社会，提高当代大学生分析问题和解决问题的能力，客观地、辩证地看待我国改革开放的发展历程和各种社会问题，加深对党的路线、方针、政策的理解。与此同时，通过实践提高大学生关注社会、关注现实的热情和能力，增强其培养良好道德品质的自觉性，增强社会责任感，真正使思政课理论内化为学生的共识，坚定理想信念，确立科学的世界观、人生观和价值观。

具体来看，思政课实践教学的目的有：

第一，进一步巩固思政课课堂上所学的理论知识，初步掌握运用理论解决实际问题的能力；

第二，培养和锻炼大学生独立地、严谨地进行社会调查工作的能力；

第三，培养大学生收集、分析和判断我国各行业改革开放以来的重大变化，并培养其运用马克思主义哲学方法解决实际问题的能力；

第四，激发学生爱祖国、爱家乡、爱社会的热情，增强社会责任感。

（三）思政课实践教学的意义

1. 有利于培养高素质技能型人才

思政课实践教学不只是课堂辩论和演讲，更多的是校内外具体社会活动的参与。具体来说，思政课的实践教学能够让大学生有机会接触社会，参与社会活动，真实体察社会生活，在社会生活中领会和感悟国家政策、方针的重要性，明确人民渴望喜乐安康的真实诉求，进而提升自身的政治素质、思想道德素质和法律素质。与此同时，引导大学生能够灵活运用马克思主义哲学思想来分析和解决实际问题，增强自身的职业素养与职业技能，真正成为对国家、对社会、对工作有用的高素质技能型人才。

2. 有利于提升思政课教师的教学水平

作为一名思政课教师，不仅要有扎实的理论功底，还要有掌控和驾驭课堂的高超技能，更为重要的是，思政课教师要在潜移默化之中将正确的"三观"、正确的思想理念渗透到学生的思想之中，让学生在思政课堂上有收获，有获得感。而这种获得感的产生主要源自两个方面：一是有远见、有深度和穿透力的学术理论；二是要有丰富的实践教学环节，让学生在吸收有引领和穿透力的思想的同时，能够真正体察和感悟到生活的真谛、社会发展的规律。这对于思政课教师来说是一个极大的考验，需要思政课教师精心思考和设计每一节课，尤其是能将认识上升为行动的实践教学环节的设计。因此，思政课实践教学有助于不断提升思政课教师的教学水平。

3. 有利于推动思政课的教学改革与创新

思政课具有极强的思想性和理论性，同时也是实践性非常强的一门课。思政课实践教学不是一成不变的，而是要根据时代的发展，以及学生群体特点的变化

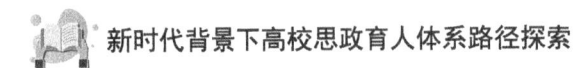

来适时地进行调整，这一调整本身就意味着要不断地对思政课的教学环节进行改革和完善，不断创新教学的方式方法，尤其是实践教学环节的教学方式和方法。实践教学环节是与社会实际与时代发展紧密结合的，必须以当代学生最能接受、最愿意接受的方式来呈现，这样才能激发学生参与实践的兴趣和热情，从而能够有效地保障思政课的教学效果，同时也能有效推动思政课的教学改革与创新，真正让思政课有温度、接地气，而不只是理论的输出。

二、高校思政课实践教学模式面临的问题

（一）制度推行有一定难度

相比于利用新媒体和社会实践这两种方式，建立健全完善的推行思政实践教学的体系需要一定的人力物力支持。就推进思政实践教学所需要的资金而言，只要采取合适的实践方式，学校给予一定的重视，就可以得到解决；但是在这个过程中需要大量专业的思政课老师进行指导，目前全国高校普遍还面临着缺少思政课教师的问题，而且思政课教师往往长于理论知识，对于学生课外实践的教学缺少经验。建立健全思政实践教学制度可以更好地促进和保障实践教学活动的展开，能很好地和思政课课堂相结合。对大学生进行更为系统全面的思想政治教育，也是未来高校进行思政课实践教学改革的必然趋势。但是对制度的设计要求较高，需要相关的制度具有完善灵活等特点，否则就有可能使实践教学活动的改革流于形式，也容易占据大学生过多的课外时间，使大学生产生抵触心理。

（二）难以保证全员全过程参与

采取微电影等新媒体手段来进行实践教学，优势是非常明显的。因为智能手机的普及，以及互联网技术的发展，以新媒体为媒介，使得每个人都可以很容易地参与到实践活动中去，只要主题设计得当，就可以使学生在参与的过程中进一步深化对思政课学习内容的理解。但是这种方式对思政课老师有着更高的要求，要求其最好掌握与新媒体相关的知识和技术。如果聘请相关的专业人员来对学生进行培训，就会较难穿插思政课相关理论内容，不仅会造成额外的经费负担，而且也无法保证学生制作的内容与思政课相匹配。这种方式主要是通过吸引大学生的兴趣来促使学生积极参与，但是对于大学生的约束性不强，较难保证所有同学都制作出高水准的内容。而且在实践的过程中，不同年级、不同学科背景的大学生对于新媒体的接受和理解程度不同，很难保证所有年级、所有学科的大学生都

能够真正地参与到活动中去。

（三）无法大规模推广

由于思政课老师的学科背景，大部分的思政课老师擅长使用社会调查来进行研究，与社会实践结合起来开展思政课实践教学，可以更好地发挥思政课教师的专业优势，也可以帮助参与实践的学生更深刻地了解中国的现实，帮助他们进一步深化对思政课的内容的理解。由于参加社会实践也是每一位大学生在大学期间必须完成的任务，同时也可以更进步丰富大学生的社会实践活动的内涵，激发学生参与的热情。但是在实际施行过程中，由马克思主义学院老师带队、学生报名的模式，由于经费、组织难等问题很难在全国高校中进行大规模推广。而且大学生在进行社会实践的过程中，通常也习惯以独立的个体来完成学校的相关要求、大规模地组织学生参加也无法保证实践活动完成的质量。由于这些特性，这种模式注定只适合在高校中小范围地推广。

三、我国思政课实践教学模式

思政课实践教学是一个比较笼统的概念，人们一般都倾向于从两个方面来认识，一是狭义的实践教学，二是广义的实践教学。狭义的实践教学主要是指与思政课的理论教学有着明确区别的社会实践教学形式，如田野调查、参与访问等；而广义的实践教学主要是指凡是有助于思政课教学，有助于提升学生思想政治素养与道德品质的，与实践相关的教学方式，都可以被称为思政课的实践教学。由于学生品质素养的培养与提升是一个综合且漫长的过程，需要多种方式和途径形成合力。为此本书所指的思政课实践教学主要是后一种，也即广义上的实践教学。

（一）思政课实践教学模式

教学模式是指在一定的教学思想或教学理论的指导下，建立起来的较为稳定的教学活动结构框架和活动程序。教学模式是教学思想和教学理论的反映，不同的教育观之下往往会产生不同的教学模式，但是不管何种教学模式都是围绕一个教学目标，那就是作为教学对象的学生的成长与成才。思政课是一门内容丰富繁杂，涉及范围又非常广泛的科目，而且在我国的高等院校教学体系中思政课还不止一门。

（二）课堂实践教学

课堂实践教学是在课堂上创设一种情景或者设计一个环节，让学生亲身参与的实践教学模式。这种实践教学模式能够将课堂上教师的理论讲授，与学生的亲身实践紧密结合起来，当堂讲授、当堂练习，加深学生对教师讲授内容的思考与认识。我国的思政课具有鲜明的理论性和政治性，而这样的特点往往会让课程在讲授起来略显枯燥，而且对于广大"00后"的大学生，他们对于过去几十年甚至上百年的历史事件也比较陌生。而课堂实践教学模式则能有效降低思政课抽象与枯燥的程度。

课堂实践教学通常包括课堂辩论、焦点讨论、小组讨论、案例分析、影像展播、情景模拟等，这些课堂实践教学模式的存在能够把相对抽象、枯燥的理论或历史久远的事实，通过课堂的某一个环节来重新展现出来，也能让学生对思政课的相关知识有更为直观、具体的认识。同时，课堂实践教学这一模式能够有效激发学生课堂学习的主体性与自主性，培养学生的思辨能力。

（三）校园实践教学

校园实践教学是课堂实践教学的延伸，是在课堂之外、校园之内开展的实践教学活动，旨在通过校园内丰富多彩的校园活动来加深学生对于人生、社会乃至世界的认识。这种实践教学模式比课堂实践教学模式有着更大的自由度，同时也有助于丰富学生的校园文化生活。具体来看，校园实践教学模式主要包括校内调研、图书寻访、主题演讲、主题展示、微电影制作、文明评选、校园文化节等。

校园实践教学能够充分利用校园内部的各类资源，发挥校内资源的优势，例如校内图书馆、体育馆、学生活动中心、学生宿舍等场所设施，同时还可以充分利用校内丰富的师资力量、学生资源、科研成果等。这些丰富的校内资源可以让高等院校的大学生不断拓展自己的理论知识，深化对课堂所学知识的理解。思政课是一系列既富含科学理论，同时又紧密结合社会实际的课程，既有关于几百年前资产阶级及其政党革命的理论知识，也有关于当代大学生理想信念的阐述，还有关于近期发生的国内外大事的分析。学生可以利用校园实践教学模式的多种具体方式来加深对它们的认识，例如通过图书阅读来了解百年前资产阶级及其政党革命的知识；通过校园走访、调研来真正了解当代大学生的理想信念状况；通过主题演讲或者展示等途径，来深入分析和理解当前国内外大事及其对我们国家、民众的影响。校园实践教学模式可以说是一种连接学生课堂学习与自我实践的重要方式，能够有效提升思政课的教学效果。

（四）社会实践教学

社会实践教学不同于课堂实践环节中学生的自主参与，也不同于学生在校园内部各类实践活动的参与，它是依据课程的教学任务和教学要求，在教师的指导之下，有计划、有步骤地参与校园外的各类社会实践活动的形式。由于学生大部分时间都是在校园内部学习、生活，所以，社会实践教学更多的是，高等院校大学生在寒暑假或者节假日的空余时间到社会中参与实践活动。思政课上讲述的很多关于人生、社会、经济、政治等方面的理论知识都比较抽象，需要学生参与社会活动对此方面的知识进行真实的感受，才能对这一知识点有更深刻、更全面的认知。

社会实践教学的形式一般包括校外参观、公益活动、社会（家庭）调查、勤工助学、志愿服务等。多种形式的社会实践活动可以为大学生提供多种渠道来了解历史、现实和生活。例如，校外参观，特别是展现革命和建设历史的纪念馆参观，可以让当代大学生更直接地感知某一历史事件的发生背景和发展过程；参与公益活动和志愿服务，可以通过接触社会、参与社会生活，让个别大学生改变原有的对社会的偏激看法和认知；大学生勤工助学等可以让大学生通过具体实践感受生活的不易，理解父母的艰辛，进而树立正确的人生观和价值观；大学生参与社会调查或者家庭走访调查，可以让学生对某一社会现实有更为全面的认识，让其以积极、正向的视角去看问题。

社会实践教学的重要性不言而喻，社会实践教学的效果也是其他方式难以超过的，但是社会实践教学也有其特殊的要求。首先，社会实践教学需要教育行政部门或者高等院校，对于这一实践教学形式给予时间安排上的支持与协助；其次，还需要有效整合各类资源，一起为思政课的社会实践教学提供多方面的便利和支持；最后，还需要高等院校对思政课社会实践教学给予经费和组织管理方面的鼎力支持。离开实践经费的投入，社会实践活动就寸步难行，离开学校各部门的有效协调与组织，社会实践教学很难有序稳定、长期开展下去。

四、思政课实践教学探索——以武汉纺织大学为例

为了更好地发挥思政课教学模式的优势，同时弥补实践的不足，武汉纺织大学马克思主义学院在自身教学实践中总结经验，结合学校的实际情况，设计出"三合一"的思政课实践教学模式，即将思政课与社会实践、专业实践进行有机融合，整合利用高校的资源更好地开展实践教学。

近年来，武汉纺织大学马克思主义学院与该校的其他学院合作，针对大学生的专业来设计实践活动，使大学生在发挥专业优势的同时接受思政教育。"三合一"

实践教学在实践中也取得了一定的成果。马克思主义学院在教学实践的过程中，结合该校艺术、服装等艺术类学生的专业特点，鼓励学生应用本专业的知识，以思政课内容为切入点开展了一系列的活动。在2018年5月4日—31日，马克思主义学院就与该校伯明翰时尚创意学院一同举办了以"尚美中国——思想政治理论课实践教学艺术作品展"为主题的作品展，吸引了大量来自其他学院的艺术类专业学生的参加。他们利用自己假期的调查走访，获得了关于中国的经济、政治、文化、历史、社会、民俗、生态等方面的素材，利用自己的专业进行加工，设计出一大批优秀的作品。同时在这个过程中，思政课教师又从大学生上交课堂实践教学的作业中，将其中具有代表性的作品报送至"第二届全国高校大学生思政课艺术作品展"，很多优秀作品分别获得了二等奖和优秀奖，在社会和高校中都取得了良好的反响。

从实践的效果来看，"三合一"具有如下两种最显著的特点。

（一）整合资源，确保可行性

要确保思政课实践教学方案的可行性，"三合一"实践教学可以在实践过程中加强思政课教师、专业课教师、学工干部之间的交流合作，协同发展大学生的思政课实践教学，有机结合实践教学、专业教学，将思政课教师的理论优势、专业课教师的专业优势、学工干部的实践优势结合起来，促进学校的资源在三者之间共享，形成三者互为补充、互相合作的格局，避免高校资源的浪费。由于得到了高校各组织机构的广泛合作，在全面推进高校思政课改革的过程中，这种模式可以制订出更加合理的方案，可以较好地解决思政课实践教学改革过程中出现的安排乱、经费落实难、组织难等问题。就武汉纺织大学的实践来看，将大学生的专业和社会实践与思政课结合起来，丰富了大学生思政课实践教学的内容，创新了思政课实践教学的模式，同时也深化了相关活动的主题。在组织策划相关的活动中，各学院的教师和负责人有着较为明确的分工，专业课教师进行专业方面的指导，思政课教师对作品的主题和内容进行指导，学院负责人及其他工作人员负责活动的组织策划，高效有序地推进着思政课实践教学活动的开展。虽然这种实践模式有着更复杂的内容，但是组织开展起来较为容易，也为高校减少了经费的支出，同时还能更好地发挥大学生的专业优势和主体性优势，避免相关活动的开展流于形式，真正使思想政治教育对大学生产生有利影响。

（二）促进全员全过程参与

"三合一"实践教学模式与大学生的社会实践与专业实践相结合，打破了大学生对思政课刻板教条的印象，在实践过程中既提高了大学生参与思政课实践教学的兴趣，调动了大学生的积极性，又可以将大学生的专业优势与思政课结合起来，使其比较容易地在大学生中开展。通过武汉纺织大学的实践来看，思政实践教学活动的成果容易在社会上形成良好的影响，在大学生中可以产生良好的示范作用，更容易吸引大学生主动参与。将思政课实践教学与社会实践和专业实践相结合，也就是要求大学生将专业知识和思政课理论知识结合起来，这就对大学生有着更高的要求，使大学生在发挥专业优势的过程中，有意和无意地主动投入时间和精力去深入学习和感悟思政课的内容。"三合一"实践教学模式符合我国关于思政课实践教学的规定，减少了大学生参与实践活动的次数，提高了实践活动的质量；在提高教学质量的基础上并没有过多的占用大学生的课余时间，也丰富了思政课实践教学的内容，强化了思政课实践教学的实效性；切实调动了学生参与实践的主体能动性和教师指导实践的主导积极性，提升了学生参与实践的获得感。

第二节 传统文化与思政课程的融合

一、传统文化融入大学生思政教育的必要性

（一）有利于传承中华民族的优秀传统文化

直至近代，中华传统文化一直是传统教育的重要手段，讲究因材施教、有教无类、尊师爱生等，同时也是传统教育的主要内容与材料，主要学习儒家经典。所谓"观乎人文，以化成天下"[1]，传承优秀传统文化是重塑中国大学精神的思想源泉。

文化传承对任何一个主权国家来讲都是至关重要的。对于拥有高素质、高文化底蕴的高校大学生而言，他们有必要且有能力承担起中华优秀文化传承这一伟大任务。对于高校而言，为了充分发挥优秀传统文化的教育作用，应该将其作为思想政治教育的一大重点，让更多的高校大学生能够积极担负起这一责任，弘扬中华优良传统。我们需要深知，国家的灵魂就是传统文化，因此也产生了伟大的民族精神，如果高校大学生这一优秀群体能够积极投入到传统文化的探索和学习环节当中，不论是对于个体能力还是社会发展，都将会产生极大的推进作用。我

---

[1] 姬昌《周易》

们应该居安思危,保家卫国的思想在如今和平年代似乎过于遥远,但是应该在高校大学生内心深处树立爱国精神,大力传承和弘扬中国传统文化。在战争年代,很多英雄为了救国救民不惜牺牲自己的生命,这一爱国行为正体现了浓厚的爱国情怀。

(二)有利于丰富高校思想政治教育的内容

传统文化是几千年来中国人民积累的智慧结晶。所以在对高校大学生展开思想政治教育时,应该将不同形式的哲学思想、观点充分融入进去,有利于教育资源的丰富、高校大学生思想政治水平的提升。同时不论是在社会生活、现代文化、还是个人建设环节中都可以充分应用优秀传统文化,发挥其最大价值和作用。因此对于各个高校而言,为了能达到更好的教育效果,就更要充分融合传统文化教育及思想政治教育。

事实证明,高校大学生思想政治教育意义重大。丰富多样的中华传统文化在五千年的发展历史中逐渐形成积淀。其中不乏集体主义、爱国主义等优秀文化精神,同时也存在一些封建迷信的陋习。学习传统文化能够帮助更多的高校大学生意识到并感受到这些文化,养成明辨是非的能力,而不是对"古圣"等思想主义全力追崇或全力打压。如果在思想政治教育体系中能够有效且充分融合中华传统文化的丰富内涵和精神,对于中华传统文化道德体系的发展壮大,以及思想政治教育的价值提升都将产生极大的推进作用。对于高校大学生而言,不断在思想政治教育工作中渗透中华优秀传统文化知识,一方面,有利于个人价值观的正确形成,对一些优秀思想理念产生更深刻的影响,真正做到仁爱、守信、正义等;另一方面,还有利于立德树人价值理念的培养。对于高校而言,应该在思想政治教育工作中通过合理且有效的措施来融入中华传统文化,使其发挥最大价值和作用,扩充思想政治教育的内容。

(三)有利于培养学生对中华民族的自信自豪

爱祖国的璀璨文化及大好河山都是爱国主义的体现。关于这一情感的论述列宁曾表示,爱国主义是由于千百年来各自的祖国彼此隔离而形成的一种极其深厚的感情。[①] 中国拥有着几千年的历史,之所以它能够生存发展至今,其中一大关键就在于民族凝聚力,这也激发了不同时代人们敢于拼搏,勇于斗争的强大力量,其始终作为一大精神支柱隐藏在人民内心深处。民族凝聚力离不开强烈的民族自豪感,一旦两者脱离关系,那么社会重心也将会产生严重偏移,全国上下人人自危。

---

① 中共中央马克思、恩格斯、列宁、斯大林著作编译局.列宁全集.北京:人民出版社,1988.10.

对于我们中国人而言，中华民族伟大复兴中国梦必须要由也终将由充满斗志的中国人所实现。

改革开放之后，科技进步，经济增长，社会主义所提倡的价值正是在这种多元化的思潮中逐渐被冲击。近几年来，在青年这一群体当中，部分人对西方洋节日的重视程度甚至超越了中国传统节日，更愿意去过西方的情人节、圣诞节等，忽略了中国的伟大成就。拜金主义和个人主义也影响着基于中华传统文化的爱国主义、集体主义等。在这一背景条件下，如果在高校大学生思想政治教育中有效融合传统文化，能够及时且有效制止以上形势，这就要求各个高校对传统文化教育高度重视，同时还要针对不同高校大学生群体开展相关主题教育活动，有利于高校大学生爱国主义精神的培养。

二、传统文化融入高校思政课程的困难及原因

从现实情况可以得出，大学生思政教育对传统文化资源的利用普遍存在不足，无论是在系统的思政教育中还是在日常思政教育中，这一点都表现得较为突出。探析传统文化在思政教育中运用不足的深层次原因，才能从原因中找到对策，更好地将两者融合在一起。

（一）课程结构设置不合理

科学技术的迅速发展，以及世界各国之间专业技术的激烈竞争使得高校重视培养技能型人才，导致过度重视学生的科学技术而忽视了学生的人文教育。再加上我国的应试教育体制使得中小学教育以升学为目标，而大学教育则以就业成才为目标，却对学生的道德教育有所欠缺，导致高校一些课程结构设置不够合理。

1. 课程比例不协调

总体来说，高校设置与中华优秀传统文化相结合的课程较少，课程比例不协调，相关课程覆盖性不高。目前来看，大多数高校主要以培养技术型和应用型人才为培养目标，高度重视强调学生的专业技术知识和实践操作能力，而对他们的人文关怀和文化底蕴有所忽视。学校"重理轻文"的教学模式使得人文类知识相关内容较少，学生学习这些知识的机会和途径也相对较少。部分高校即使设置了相关课程，也仅仅是将其设为选修课和通识课。高校关于中华优秀传统文化的相关课程不断缩减，因此高校传统文化课程并未完全覆盖到全体学生，难以使全部学生得以了解和学习。而对于选择了优秀传统文化课程的学生，其是否真正将学习到

的相关内容融会贯通,在生活中是否能够自觉践行,将课本知识外化于行,这些也都难以具体量化,无法考量其是否真正深入人心。

2. 课程内容较单一

就教学课程的具体内容而言,传统文化知识在思政课程中显得比较单一,老师教授过程中也仅仅是泛泛而谈,具有一定的片面性。同时,老师在授课过程中主要专注于传统文化本身,或者是其中的某些特点,并没有将其内容进行系统化和整体化的归纳,也没有将其与其他相关课程内容相融合,难以使学生整体消化、全面吸收,进而难以提起他们学习相关知识的热情。除此之外,思政课是当前学生提升自我素养的主渠道,但思政课的一些内容本身理论性较强,很多知识不易理解,导致很多人在掌握过程中难免觉得无聊没趣。授课老师仍然通过理论灌输的教学方式,对教材大纲照本宣科,而课堂上互动交流、问题探讨类教学较少,单一的教学方式难以满足当代学生的求知欲,无法引起学生对相关论题的思考与探究,因而难以引起他们的学习兴趣和心理认可。

3. 教学手段陈旧

21世纪是信息化快速发展的时代,人们获取信息的主要手段和载体多样,人们能够快速接收来自世界各地的新闻讯息,并以最快的速度将其传播到世界各地。因此,对于高校大学生来说,单一的教学手段和教学方式难以真正满足他们对课本知识和课外知识的渴求。传统的教学模式仅仅是老师讲、学生听,难以使学生通过更直觉的方式来获得视觉和感官上的感受。在当今时代互联网技术日益普遍,但仍然有一些老师固守成规,教学手段缺乏创新,在授课过程中较少使用多媒体设备,仍然照本宣科,难以引起学生的注意力。大多数老师能够使用相关课程课件,但在授课过程中使用效果较差,课件内容不新颖,仅仅是知识点的罗列与堆砌,难以将知识点内容与视频、音频等相结合,学生不能够直观地把握相关内容,难以实现理想的教育效果。

(二)结合载体较单一

中华优秀传统文化要想合理运用于高校思政教育当中,就必须借助一定的载体和媒介,增强其在思政教育中的信息承载和传导,促进思政教育主客体之间的有效联系。然而,在思政教育实际的运用过程阶段,主体获取文化知识的途径相对窄化,载体形式单一,难以与思政教育实现联动创新,实现其实际效用。

高校校园活动是将传统文化与思政教育,应用于学生现实生活中的一个重要活动形式。目前高校校园活动主要有社团活动、文艺表演、诗歌朗诵,以及各种类型的比赛等。这些活动使得大学生在学习之余能够更加充实自己的生活,激发大学生创造力和思维想象力。但在高校各类活动中关于传统文化内容的活动数量和质量明显不足,举办书法比赛、诗歌朗诵、民歌歌曲等活动趋于形式化,没有将它的优秀文化内涵完全展现出来,无法引起学生强烈的兴趣和欲望。同时,在一些重要节日、纪念日及民族传统节日来临之时,部分高校未能很好地利用这些节日来开展相关教育宣传活动,导致学生对一些节日和习俗只知皮毛,却不知其真正的由来。

除此之外,它在网络载体中的运用稍显不足。网络作为传播媒介的新型元素,也是高校开展思政工作的新载体。而互联网在传播全球海量信息和提供便利的同时,一些不良文化却利用各种手段吸引人们的眼球;非主流文化成为追随时尚潮流的标本,进而使部分学生形成了享乐主义、拜金主义及攀比之风等。除此之外,对于中华优秀传统文化的宣传和推广力度差强人意,网络载体运用欠佳,导致网络思想政治教育难以达到理想的效果。

(三)在校园文化建设中体现不足

目前,很多学校虽然已经意识到中华优秀传统文化对于校园文化建设的紧迫性和必要性,一些学校已经把相关教育纳入到相关文化建设当中,但在实际操作的过程中仍然有一些理论与实际相脱节的情况。具体来说包括以下几个方面。

1. 物质文化建设缺乏文化内涵

校园物质文化建设是一个学校精神风貌的外在形象,折射出全体高校大学生和高校教师的整体风貌和综合素质。然而一些高校的建筑设计缺乏整体的规划,没有形成特色的物质文化氛围。一些学校片面追求学校楼宇建筑的富丽堂皇、宣传标语的标新立异,却忽视了其所应折射的精神内涵:大多数高校用数字和字母命名教学楼、宿舍楼等建筑物,只有部分学校采用我国传统文化词语命名;很多展板、围墙写满了名言警句,但却没有将其深度结合我国传统文化的内容;学校电子显示屏仅仅是通知公告和新闻,却很少显示与传统文化相关的内容,校园缺乏浓厚的人文气息,难以达到其真正效果。另外,部分校园物质建设缺乏地方特色。中国南北建筑风格迥异,但很多学校的建筑造型和楼宇布局却愈趋一致。中国六大传统建筑派系各具特色,造型精美,但高校将之运用到校园建筑的却很少,鲜有高校将亭、台、楼、榭等建筑融入校园物质文化。这些建筑风格本是我国优秀传统文化的表现,但在高校并没有达到有效运用,难以使学生直接感受到传统文化的魅力，进而对其产生潜移默化的影响。

2. 精神文化建设缺失核心内容

长期以来，一些学校仅仅将校园文化建设等同于硬件设施外观上的简单建设，却无形中窄化了校园文化的隐形功能，并且弱化了传统文化在精神文化层面上的意义。一些学校仅仅将这些内容运用于校园物质层面的构造当中，却忽略了它在精神层面的引导作用。在多元文化时代，各国文化和多种社会思潮不断涌入，人们获取和接受信息的方式不断多元化，再加上良莠不齐的网络环境因素，导致一些大学生沉迷网络、上课迟到早退或者旷课，严重者最后荒废学业。部分学生学习态度差，学习气氛不浓厚，缺乏刻苦钻研的精神，缺乏古人"囊萤映雪""悬梁刺股"的学习精神。对于教育者来说，大部分教师能够为人师表、按标准完成自己的教学任务。但仍有部分老师缺乏职业道德修养，与学生互动交流较少，授课过程中照本宣科、内容枯燥乏味，导致学生上课没有兴趣听讲，难以达到良好的教学效果和较高的教学质量，并没有真正做到对学生"因材施教"和"传道授业解惑"等。最后，一些学校盲目跟从，并未从实际重视对学生的人文关怀，学校整体校风也亟须提升。很多高校并没有将中华优秀传统文化中的精髓思想运用到其精神文化建设当中，导致精神文化建设缺失了核心文化内容，学校整体氛围不容乐观。

3. 制度文化建设迷失文化方向

一个学校的制度建设是其他方面建设的重要保障，对于全体高校大学生和高校教师的健康发展具有积极的促进作用。科学严谨的制度体系能够确保高校各项工作井然有序地展开，促进高校、教师和学生三者之间共同发展。近年来，由于多元文化的融合，部分学校丧失了自己的制度特色，迷失了制度文化的前进方向。部分高校在制订规章制度时，并未结合自身的实际发展，制度体系不够科学系统，甚至出现与国家制度冲突的现象。还有一些学校运行机制不健全，导致规章制度管理不严和在执行过程中出现混乱的状况，制订的规章制度难以有效推进，其权威性也难以保证。另外，一些良莠不齐的社会文化也对高校制度的建构造成了一定的影响。譬如不良的领导作风、企业家的利益至上原则等消极文化，这些都对校园制度文化的建构产生了消极影响。

（四）师资力量较匮乏及教师素养不足

高校思政教育是学生科学系统接受理论知识，以及实现"三全"育人的主阵地，一个学校的师资力量同样影响着思政教育工作的成效。目前来看，学校整体的思政工作者素质较为薄弱，师资力量仍需不断增强。

一方面，就学校层面来看，师资队伍数量和结构上都不够合理。专兼职老师比例有所倾斜，专职老师缺口较大。对于大多数民办院校来说，专职和兼职相结合的师资队伍能够最大限度地利用现有师资、提升办学效率。但长期下去却造成了兼职老师的人数远远多于专职老师，且出现专职老师队伍流动性大的现象，因此，难以建设一支稳定且高水平的专职和兼职老师相协调的师资队伍。同时，高校老师的年龄层次、学历层次，以及职称结构的比例关系也影响着学校思想政治教育工作的展开。从年龄来看，高校普遍存在年龄两极分化现象，呈现两头较大、中间较小的情况；就学历方面而言，高层次人才比较缺乏，亟须引进高层次的专家与学者；部分高校教师整体素质不高，教授、副教授及讲师比例不协调，整体结构明显不合理。此外，部分学校的老师科研能力有限，并且科研创新水平有待提升。一些教师的教学课时量较大，备课、批改作业，以及日常授课已经倍感疲劳，没有多余的时间和精力搞科研或者参加相关培训，导致教师科研水平较弱。

另一方面，就思政课老师自身而言，其自身的专业素质较为薄弱。首先，一些思政课老师自身的知识体系就较为匮乏。作为一名思政课教师，应具备基本的教育学、哲学、心理学等多学科知识体系，而大多数思政课老师都是马克思主义理论相关专业出身，研究领域也侧重于相关的理论研究，而对传统文化知识缺乏科学的认知与培训，没有形成扎实的理论功底。因此难以有效地将这些内容准确运用到思政课程中。其次，授课教学模式陈旧。在传统教学模式中，思政课教师大多采用理论灌输方式进行授课，部分老师教学载体运用单一，一些老师仍然坚持采用板书的形式。大多数老师虽然会采用多媒体投影演示授课课件，但仍然以文字和图片为主，虽然比单纯的讲授课本知识有所进步，但仍然未能很好地利用网络载体，难以将晦涩难懂的内容借助音频、视频等形式表现出来。当代大学生的学习和生活逐渐网络化，这种方式的转变同样也对传统的教育模式提出了更高的挑战。因此，授课教师必须紧跟时代发展，转变授课模式，采用学生易于接受的教学方式开展授课计划。最后，辅导员也是高校重要的师资力量之一。但目前来看，全国的辅导员偏年轻化，同时部分辅导员的资历与精力不足。一些辅导员较年轻，缺乏工作经验，资历较低，优秀传统文化与思想政治理论知识储备量也相对较低，在与学生的沟通交流当中就无法将一些文化知识与思政的内容有效融合，难以进行高效率的教育。同时，辅导员工作繁忙，要同时负责党建工作、就业指导，以及心理健康教育，自身没有太多精力研究传统文化教育，自然也无法把这些知识体系与实践相结合，引导学生形成正确的价值观念。

（五）高校校园文化环境建设创新不足

学校，属于学习的场所，也是人才培养的场所。高校要想获得更好的发展，便需对校园文化建设进行强化，为学生提供良好的校园文化环境。在具体建设过程中，需要结合自身特性，以及精神文化内涵等方面综合考虑。校园文化，是校园内部教师与学生在教学发展中而建立起来的，涵盖了学校内部物质与非物质文化方面的内容，如学校内部各项规章制度、文化活动等，能够较好地展示出学校的精神风貌。与此同时，也能够给学校内部学生产生潜移默化的影响。也就是说，为了进一步提升学生素养，就需完善校园文化环境建设。对于传统文化与思想政治理论课相结合而言，为强化教学效果也离不开校园文化环境建设这个得力帮手。

三、传统文化融入高校思政教育的措施分析

（一）端正大学生的学习态度

当前，大学生受到社会大环境的影响，将学习的目的视作是为了在毕业后获得一份较为舒适又能赚钱的工作。基于此，他们会在学习过程中将重点集中在专业课方面，认为只有提升自身在专业课方面的学习能力，强化自身技术水平，才能够获得更好的工作机会。正是由于这一原因，绝大多数学生在专业课学习方面付出了诸多努力，将其视为学习的目标，但忽视了对传统文化的学习，并将与传统文化相关联的课程视为无用课，在课堂中所对应的专注度不高，课后更不会对其进行钻研。当前的大学生在涉及对传统文化类课程的学习态度时，有大部分学生表示选修传统文化类课程纯粹只是为了拿到学分。对于专业技术课程学习而言，通过学习能够实现对自身技术能力的强化，进而给自身未来发展起到了有力的推进作用。与此同时，从学校层面而言，其对于专业课教育也具有较高的重视度。为了提升学生就业率，鼓励学生考取与之相关的证书，高校在专业人才培养方面制订了较为详细的方案。与之相反，对于人文知识教育方面，所对应的关注度则比较低。对于部分高校而言，甚至于未能在此方面开设相应课程。正是由于上述问题的存在，给学生思想造成了相应影响，导致在传统文化课程中，学生课堂专注力较低，普遍认为此类课程的学习没有什么作用，而不愿意在此方面投入较多精力。

基于此，为了能够更好地实现对学生观念的改变，端正大学生学习传统文

的态度,便需从下述方面进行。一方面,在学校内部开展相应的宣传教育,借助这种方式来提升学生对传统文化功能的认识。传统文化的学习,不但有助于强化自身思想道德意识建设,同时也能够给专业课学习提供较好的文化基础。另一方面,需要对目前高校学生的职业至上的认知进行纠正,这种认知存在较强的功利属性,可通过开展相应的实践活动,使学生意识到仅仅掌握专业技术是不够的,一个优质性的人才不但需要拥有扎实的专业技术能力,同时也需具备较为完善的品格素养。在高校内部开展传统文化教育,其目的便是为了能够更好地实现对传统文化的传播和弘扬,培养学生思想道德意识,使其树立正确的价值观。只有使学生意识到传统文化教育所具有的重要性,才能获得学生的认可,并在学习中具有更高的积极性,给自身发展奠定良好基础。

(二) 提升思政课教师自身的思想道德素养

在《国家"十二五"时期文化改革发展规划纲要》[1]中提到,学校必须强化人才队伍建设,在学校内部培养出一大批结构层次分明、类型完善、素养较高的教师。为了能够更好地实现对传统文化与高校思政课的结合,发挥传统文化价值,除了要增加师资力量,提高教师自身的思想道德素质也不容忽视,这样才能在新的时代条件下面临新挑战、开辟新道路、创造新辉煌。教师是一份神圣的职业,担负着学生学业和品质的培养。高校思想政治理论课教师需要具备较为完善的人格与素养,同时拥有高尚的道德品质,在与人相处的过程中能够给人留下亲切印象。思想政治理论课的开展,其目的便是为了实现对学生思想道德素养的提升,为了达到这一教学目的,首先就需要教师满足拥有高尚的道德素养这一要求。教师在教学中展现出的个人素养,将会对学生思想与行为产生显著性影响。只有其拥有较高素养与道德,才能给学生树立良好的榜样力量,引导学生提升其道德素养。由此可知,教师自身人格与道德素养情况,与学生品质提升之间具有较大关联,为了更好地实现对学生素养的强化,就需提升教师的思想道德素养。

一方面,对于思政课教师而言,必须拥有良好的传统文化素养,对传统文化具有较高认识。为提升教师传统文化素养,可借助下述方式进行,即阅读古书典籍、学习传统技术、参加与传统文化相关联的讲座、欣赏文物古迹等。与此同时,在教学过程中需要注重传统文化与思政教育间的充分融合,借助中华优秀传统文化来更好地实现对学生的积极影响,给学生思想行为等方面树立起榜样力量。在教学工作中,教师行为语言均能够在一定程度上展示出其所对应的传统文化底蕴,

---

[1] 中共中央、国务院.国家"十二五"时期文化改革发展规划纲要.2012年2月

学生在学习过程中也会对其进行相应的学习与模仿，最终实现对学生行为方面潜移默化的影响。

另一方面，教师还需做到严于律己，以身作则。思政教育工作者自身在生活方面的态度、思想行为意识和道德品质等，均能够给学生造成相应影响。基于此，在教学过程中，针对中华传统文化方面所进行的教学，需要注意自身行为举止等方面，必须要与传统文化所对应的精神内涵之间具有较高的匹配性，同时以道德准则来对自身行为进行约束。在教学工作中，需要时时刻刻均能做到以身作则，提升自身道德素养，按照在道德品质方面的高标准来严格要求自己。与此同时，还需充分完善自身人格，强化自身道德素养，在高校学生中树立一个积极学习中华优秀传统文化的榜样。

（三）融入思想政治理论课教学

高校思想政治理论课是传授知识、传承文化、训练思维，以及提升素质的主要途径。对于课堂理论教学而言，不但能够实现对知识的传递，同时也能实现意义生成，并且能够培养学生养成良好的思想道德素养。由此可知，为实现对传统文化与思政教育的融合，思政理论课教学是关键。"2000多年前，中国就出现了诸子百家的盛况，老子、孔子、墨子等思想家上究天文、下穷地理，广泛探讨人与人、人与社会、人与自然关系的真谛，提出了博大精深的思想体系。他们提出的很多理念，如孝悌忠信、礼义廉耻、仁者爱人、与人为善、天人合一、道法自然、自强不息等，至今仍然深深影响着中国人的生活。"[①] 在中华传统文化融入高校思想政治理论课的研究进程中，传统文化已经充分渗透到了民族意识中，并形成了极为强大的文化基因。对于大学生思想道德方面的教育，主要是借助思想政治理论课来实现。对于此教育而言，拥有两个方面的属性，即政治性与文化性。在教学工作开展中，需要能够同时满足这两个方面的特性。对于中华传统文化的传播，可借助思政课进行开展，同时也是提升思政教育效果的关键。马克思说过，在人类发展的历史过程中，所对应的历史实际上是由人们自己所创造出来的，然而，这一过程并非是任意的，也不是有选择性的。与之相反，是直接的、既定的，也是建立在此前发展经验的基础上而创造出来的。中华优秀传统文化与高校思想政治理论课相融合，在教学工作中引入传统文化，针对课程中所涉及的一些传统文化精神方面的内容进行解读，能够更好地帮助学生实现对历史文化、思想道德和情感价值等方面的认识与了解。在传统文化中蕴含了极为深厚的民族精神，这

---

① 引自2016年习近平《哲学社会科学工作座谈会》

也是中华民族能够获得长久发展的关键所在。中华优秀传统文化，是中华民族所独有的优势，也是民族精神的核心。中国特色社会主义建设的发展，便需建立在中华传统文化的基础上进行。

在思想政治教育中引入传统文化，实际上指的是将传统文化所蕴含的精神引入思政课教学中，使其同教学内容之间进行充分融合。思想政治理论课的课堂教学工作的开展，所对应的必修教材主要有四门，并且是由国家统一进行编写。然而，在近年来的发展过程中，伴随教学要求多样化，进而使得教材体系也发生了相应改变。具体而言，就是需要建立在教学内容的基础上，对其进行深入性的挖掘、拓展。在此过程中，将其同传统文化所对应的精髓相结合，使其能够更好地融入思政教育中去。举个例子，在"马克思主义基本原理"这门课程的讲授中，教师可以将中国"大同"时期所对应的社会理想与共产主义理想进行结合。在"毛泽东思想和中国特色社会主义理论体系概论"课程的讲授中，将优秀传统文化与"毛泽东思想和中国特色社会主义理论体系概论"课教学内容相融合，分析新民主主义过程中的"长征精神、延安精神，艰苦奋斗精神"等，可以发现其中都有中华传统文化的渊源。在"思想道德修养与法律基础"中，为了能够更好地实现对学生"三观"建设的引导，便可引入"三人行，必有我师焉"[①]等古典名句；对于人际交往方面所开展的教学工作，可将其同儒家文化中的"礼"相结合进行教育；对于学生"爱国主义"精神的培养，可引入比较经典的爱国事迹来对学生进行引导。借助理性与养成教育，继而使得大学生更好地实现对传统文化理念的认识，同时树立正确的人生观与价值观，并结合传统文化中所蕴含的精神，来对人生目标与态度给予相应调整，提升自身道德水平与精神素养。

（四）重视高校校园的文化环境建设

校园文化是除大学生思想政治理论课课堂之外，能够开展思政教育的关键途径，其表现形式十分丰富，涵盖物质、精神及制度文化等多个方面。对于校园文化而言，其可发挥两大作用，一是教育导向作用，二是潜移默化作用。开展思政教育时，高校应基于传统文化的特色及内容，尽可能多地把传统文化体现在校园文化建设中，以促进大学生了解并传承传统文化。对于校园文化而言，其涉及两大方面：首先是硬件环境，譬如校内场馆、场地等；其次是软环境，譬如校训、学风等。倘若校内传统文化元素处处可见，学生自然会或被动或主动地了解和认识传统文化，并在这一环境中受其影响。因此，应重视校园文化建设，并为中华

---

① 孔子.《论语·述而》

优秀传统文化与大学生思想政治理论课相融合奠定良好的文化基础。

对于传统文化的精粹，高校应将其针对性地体现在校内建筑风格中。譬如教学楼、宿舍楼、体育馆等，可以加入传统文化元素或者建造为中式建筑风格的样式，使学生从中体会到传统文化的内涵。此外，塑造历史人物雕像同样是有效的途径之一，可将雕塑竖立在学生经常出没的公共场所，使学生无时无刻都身处传统文化的熏陶之中。比如作者亲身考察过的湖北文理学院，其关于中华传统文化的传承教育工作得到了很多教育者的认可和高度赞扬，尤其是在校园文化环境建设方面。湖北文理学院秉持着"淡泊明志、宁静致远、躬耕苦读、鞠躬尽瘁"的隆中精神，致力要做中华优秀传统文化的忠实继承者和弘扬者。在校园环境建设方面，湖北文理学院将校园道路取名为"隆中路""大学路"和"明志路"等，将学生食堂命名为"凤雏餐厅""致远餐厅"和"三顾苑餐厅"等，还有取名为"孔明学院"的创新创业学院等，校园的各方面建设都融合了鲜明的传统文化元素。还有我们所熟知的清华大学，其借鉴《大学》中的有关名词，为道路进行命名，如"明德路""至善路"等，其出处便是"大学之道，在明明德，在亲民，在止于至善"。全国类似这样将传统文化元素融入校园文化环境建设的高校还有很多，它们营造了良好的文化氛围，构成了中华优秀传统文化的学习环境。

高校可以制订符合学校办学特色的校风校训，逐渐将优秀传统文化融入校园精神文化建设中，将此渗透到每位高校大学生和高校教师的心中，营造良好的校园精神文化氛围。除此之外，高校还可以在教学楼或宿舍楼楼道墙上、板报、宣传栏、草坪、路牌、标识语中融入传统文化元素，譬如名人事迹等，在教室内悬挂历史典故等，把传统文化元素体现在校园目之所及的地方，对学生形成潜移默化的影响，进而对见到的内容更加熟悉和了解。对于传统文化而言，其与高校校园的全方位融合，能够拉近其与高校大学生和高校教师之间的距离，进而促进其在思政教育中的渗透。所以，从高校角度来看，必须将更多的精力放在校园美化方面，以强化学生与传统文化之间的联系。它一方面会帮助学生培养正确的价值观念，另一方面也为大学生的成才发展奠定了坚实的文化基础。

（五）丰富实践教学

对于思政理论课教学而言，其不但具有较强的理论性，同时也具有较高的实践性。大学生在学习过程中，不但需要对教材中所提及的知识进行学习，同时也需要进行实践方面的学习。对于自身在课堂中所获得的思想文化道德方面的理念，需要借助实践的方式来对其进行强化，以更好地提升自身道德素养，规范自身行为。基于此，便可将实践教学视为是对理论教学的完善与补充。冯契的"化理论为德性""化理论为方法",就是要求将理论与实践相结合。由此可知,在教学工作中,实践教学工作的进行同样有极为重要的作用。对于大学生而言,他们是社会发展的主力军,同时也是民族的希望。在受教育结束后,这些学生便会进入社会从事相关工作,给社会发展做出相应贡献。基于此,在进行人才培养时,不但需要进行理论方面的教学,同时也需提升学生实践能力。历史告诉我们,个人思想意识的培养,均是建立在社会实践的基础上而积累形成的,并非出生就有的,也不是平白无故就能产生的。因而,在教学过程中便需强化对理论与实践的结合,借助理论教学的方式来为学生传输一些传统文化方面的知识,同时还需采用实践的方式来提升学生对这些知识的认识与了解。对于大学生思想道德层面的教育与完善,必须借助实践来实现,可将实践活动视为人才培养的第三课堂,对于增强大学生的社会责任感、创新精神和实践能力,以及提高大学生的思想道德素质都具有重要的意义。借助于开展实践活动的方式,以实现对学生意识、素养、道德品质等方面的充分强化。

为了能够更好地推进传统文化与思政教育的结合,需要借助实践教学的方式来实现。对优秀传统文化的教育,尤其是将学生的传统文化实践活动纳入思想政治理论课,实现中华优秀传统文化与高校思想政治理论课的切实融合。大学生实践活动环节有很多,如大学生暑期社会实践、课外实践等方面,无论是哪一个实践活动,都是大学生将自己所学知识运用于个人亲身体验的过程,这也是除课堂教学外最生动、最有说服力和感召力的教学活动,也是我们思想政治理论课教学方式的创新。学生的实践活动可以在学校、家庭的组织下进行开展,如参观文化馆、科技馆、民俗馆等,又或者游览那些极具传统文化特性的景点,来领略传统文化的魅力。在实践活动结束后,可要求学生对此过程体验进行描述。采用这种方式,能够更好地实现对"看与写"的结合,提升教学工作开展的生动性与形象化,强化学生对传统文化的认识,进而使得传统文化中那些较为优秀的元素,能够更好地实现对学生的影响,进而内化为自己的思想品德及行为方式。将学生的亲身实践纳入思想政治理论课中,让学生与大家一起分享自己的实践所感,既能吸引学生的兴趣,提升教学效果,同时也是对思政教育教学方式的创新。

四、传统文化融入高校思政教育的实践策略

(一)完善融入的理念和模式

1. 确立融入理念

想要提高传统文化与高校思想政治教育的融合,必须转变传统的思想政治教

育观念，有效实现优秀传统文化与思想政治教育的结合。首先，教育工作者要深刻理解优秀传统文化的内涵价值，挖掘这些教育价值来实现对传统文化的宣传，有效提高高校大学生对传统文化的关注度，培养当代高校大学生的文化传承意识。教师要引导高校大学生对传统文化和自身发展进行正确思考，逐渐形成对我国传统文化的认同感，积极主动地在课堂教学中感悟传统文化。其次，教师要将优秀传统文化有目的地贯穿到思想政治课堂中，改变传统的课堂教学方法，充分突出学生的课堂主体地位，将思想政治教材与传统文化进行有效融合，增强学生在思想政治课堂中的学习效果。最后，高校教师要引导学生转变学习观念，直到他们认识到思想政治内容对自身综合素质的重要作用。借助高校思想政治课堂来提高自身的思想道德修养，通过传统文化培养高校大学生的综合素质，使他们能够在社会发展中发挥良好的个人价值。

2. 增加融入模式

传统的思想政治教育模式大多为了应付考试，教育形式多为说教式，而这种传统的教育模式的弊端显而易见，即枯燥乏味，不能被学生真正接受。因此，不能够继续作为新时代教育的方法，需要通过创新加以改变。首先，抛弃传统教育寻求创新型教育的目的，是减少课堂教育的独立性，将教育与生活结合起来，也能够减少学生学习的负担，提高学习的效率。而创新后的关怀型教育则是注重高校大学生发展过程中的交流，将教育的知识与理念渗入到课堂学习中，从而推动学生自主学习能力，提高对理论知识的理解，这是当代高校大学生必须接受的一个发展历程。对比二者，传统的填鸭式教育效果甚微，学生容易出现逆反心理，教育效果不够持久；而新型教育模式则大大提高和激发了学生参与的热情，更有利于培养高校大学生运用中华传统文化有效地解决实际问题的能力。其次，这种教育形式的转变目的也是为了提升学生整体素质。目前考试成绩是衡量高校大学生的重要指标，而这不是考查学生综合素质的唯一标准，应付考试而学习也不是高校大学生学习的唯一目的，因此，传统的应试教育并不能够培养和教育出综合全面发展的人才。现如今，生活和学习模式也是逐渐多样化，而多样化的出现最终目的都是为了提高学生的自身能力。在现在的传统文化教育体系中，对于高校大学生的思想政治教育目的不是为了单纯应付考试，而是将传统文化真正融入学生的生活中去，并运用其有效地解决问题，从而提升高校大学生创新能力。

（二）合理选择教学手段

教学手段的合理选择对教学效果有着重要的影响，教师必须充分尊重学生的主体学习地位，结合学生的学习需求和认知主要特征来选择课堂教学手段，进一步切实贯彻因材施教的教学理念，构建开放式的课堂学习环境，激发学生的主观能动性。举个例子，教师要利用小组合作探究的方法来设置与传统文化相关的问题，指导学生以小组为单位，通过社会调研和小组讨论来探究相应问题，也可以通过课堂辩论来实现思维的碰撞，加强学生对优秀传统文化的理解。教师要注重结合信息时代发展的背景来突出传统文化的生动性，通过生动的课堂内容来勾起学生的探究兴趣，引导学生在思考和总结的过程中实现思想觉悟的提升。教师可以充分利用网络将高校思想政治课堂打造成弘扬优秀传统文化的平台，利用蓝墨云班课等移动教学软件为学生推送实时热点，充分将优秀传统文化融入高校思想政治课堂中，通过在线交流为学生提供多种课堂教学手段。

（三）建立高素质的教师队伍

1. 完善高校在传统文化方面的教师队伍培养

教师，是辛勤的园丁，是人类智慧的奠基石，也是当代高校大学生成才路上的指导者和引路人。在将新时代传统文化与创新高校大学生思想政治教育相结合的过程中，教师的综合素质对于学生的学习和发展有着很大影响。因此，中华传统文化素质也将是考察教师综合能力的新的指标，这一指标也能够更好地帮助学生学习，同时也可以很好地传承传统文化，提升高校大学生思想政治教育的目的。

2. 完善传统文化方面的教师评估机制

教师评估机制的创新，要在现有的教学实践中进行。对于评估机制的制订，考察因素较多，不仅是教师的实际教育质量，还有学生的实际学习情况，二者要综合考虑再进行评估机制的改进。细化来说，在进行传统文化与高校大学生思想政治教育相融合时要以具体的情况进行考察，要切实把握学生的实际接受程度；在制订评估机制时，一定要深入课堂一线，听取广大高校大学生和高校教师意见，同时结合传统文化，考察其对于高校大学生的影响，进而制订评估机制。创新教育评估机制是一个长期的、系统的工程，所以要坚持实事求是的作风，一切从实际出发，联合多方力量协调进行。

（四）组织传统文化实践活动

"借助社会和生活开展教育"是陶行知的重要教学思想，这对高校思想政治教学具有很强的指导价值。优秀传统文化与高校思想政治课堂的融合，能够帮助学生深刻认识到传统文化的魅力和价值，将传统文化融入实践活动中，能够使传统文化更加贴近生活实践,使学生对传统文化拥有更加深刻的理解。在开展传统文化理论知识的学习过程中,教师可以利用文艺活动和社会实践等多种校园活动开展教育教学,也可以邀请一些优秀的教育名家来校进行专题讲座,通过各种学术研讨会增强学生对传统文化的认识,使当代高校大学生通过高校思想政治课堂感受到传统文化的精神力量,在思想政治课堂的学习过程中获得良好的精神感悟,使他们树立正确的社会价值观。

除此之外,社团活动是大学生的高校生活中的重要组成部分,占用了大学生大量的课余时间,充分运用好高校各种社团活动,对于传统文化在高校的传承有着重要的作用。这种潜移默化的、非强制性的影响方式,不仅能够吸引真正热爱优秀传统文化的大学生,还能通过社团活动的影响力吸引更多的大学生加入传承优秀传统文化的集体中去。社团活动的具体实践可以是学校组织的传统意义上的社团组织,也可以是具有时代特色的新型社团活动,通过多种多样的社团活动在丰富大学生课余生活的同时,达到传承传统文化的目的。通过对不同社团活动类型的简单划分,可以分为传统型文化类社团活动、传统节日等民族性社团活动和具有现代特色的创新性社团活动。

首先是传统型文化类的社团活动,这类活动在高校之中较为普遍,一般以读书会、文化沙龙、演讲比赛和图书漂流等形式展开,通过直接接触优秀传统文化的内容,触发大学生的思考,达到传承优秀传统文化的目的。这类活动具有一定的文学性,对参与者的文学素养要求较高,因此参与者多为相关专业或者热爱优秀传统文化的大学生,总体来说参与度较低。其次是传统节日相关的文化活动,比如端午赛龙舟、冬至节包饺子等,可以挖掘传统节日的活动形式及风俗习惯,使大学生体验不同的活动方式和风俗。虽然这类校园活动专业性较低,但是大学生的参与度较高,不仅能够感受节日的氛围,而且也达到了传承优秀传统文化的目的。最后是高校中一些具有时代特色的创新性社团活动,比如说一些表演优秀传统文化中文学作品的话剧社,还有在漫画社中针对中国古代人物进行的角色扮演,通过穿汉服、行汉礼等新颖的活动形式,吸引眼球,把传统文化与时代流行元素相结合,让传承优秀传统文化的形式更加符合大学生的需求。

(五)营造凸显适合传统文化发展的育人环境

重视大学校园文化中传统文化的建设。随着社会发展、世界经济的一体化进程,这个时代对高校大学生的思想政治教育有了更高的要求,这就要求我们迫切探寻新的高校思想政治教育的新形式,来满足教学改革的目标和任务。其中,工作中最重要的环节、最重要的实施手段,以及最有效的措施就是创造优秀传统文化这一育人环境。文化,归结来说是某一地区或国家的人养成的习惯和风俗,这与其所处的环境密不可分。高校是高校大学生成长的重要场所,其环境也对高校大学生的成长有着至关重要的作用,特别是其特有的文化底蕴和浓厚的学习氛围,都是影响高校大学生思想政治教育活动的关键因素。只有具备良好的学习氛围,有完善的高校思想政治教育的体系,才能够进一步促进高校大学生的健康成长、成才,所以,高校必须强化自己的价值理念,丰富自己的文化水平,提升整体文化素养。从外观角度来看,高校的建筑也有相对应的环境要求,应当强化硬件设施,适当提高校园的文化氛围,促使高校大学生在包容、浓郁的学习氛围中学到知识,同时提高有效解决问题的能力。同时,创造轻松易于学习的文化氛围,激发学生的好奇心和求知精神,丰富开展不同类型、形式各异的文化实践活动,在实践过程中培养高校大学生的文化创新精神,尽早实现对高校大学生思想政治的教育。最后,切实强化新时代传统文化的教育。

要传播正确的传统文化的正能量。在一定的范围内,接触正确的、积极向上的文化,就会对非理性、不真实的思想具有辨识力。所以,我们要在全社会范围内传播传统文化的正能量。在社会中发扬和树立优秀的传统文化的典型人和事,推动全体社会公民共同学习典型的活动和比赛,举个例子:宣扬反恐活动、开展诚实守信、自立自强的传统美德的典型。同时,除了树立这些典型模范,还要重视社会存在的封建迷信活动,并将传统文化与封建迷信活动二者区分开来,并合理利用中华优秀的传统文化,以此教育和培养年轻人,避免封建迷信活动来影响国人。

第三节　新媒体与思政课程的融合

一、新媒体与高校思政教学的融合策略

(一)构建新媒体教育平台

1. 构建新媒体思想文化传播平台

经济全球化的飞速发展尽管在很大程度上提高了我国经济及文化水平,但同时也让我国的高校教育不得不面对外来文化的影响。就现阶段我国高校的学生而

言，有大多数的学生在思想方面都受到了一定的不良影响，尤其是在新媒体被广泛应用的现代社会，受其广泛性、隐秘性等多因素的影响，高校往往不能对网络信息的安全性进行有效的监管。对此，我国高校要想实现对学生思想正确有效的引导，就必须从高校学生的实际情况出发，为其构建良好的新媒体思想文化传播平台。

在网络信息技术日渐发展的当今社会，新媒体的应用在高校中非常广泛，微信、微博等公众信息传播和交流平台受到了高校学生的广泛欢迎。因此，对这些平台进行充分的利用可以有效向高校学生进行正确思想传播，并帮助高校的思想政治教育完善对学生的引导工作。就以现阶段高校学生中所流行的微信为例来看，作为微信中重要辅助功能的公众平台的构建，往往能有效实现对正确的思想进行及时的传播。而由于当今微信使用的范围越发广泛，因此也为其信息传播作用的发挥提供了有力的支撑。高校的思想政治教师在日常的教育教学中可以充分发挥微信的作用，利用其对相关的知识及正确的思想精神等进行传播，从而更好地促进高校思想政治教育工作的发展。

当然，除了微信之外新媒体中也有其他的一些软件，如书籍阅读器等可作为高校思想政治教育的重要平台，这些平台的运用不仅可以对相关的知识内容等进行重组，还能就其中的不足之处进行补充，因此，在提高思想政治教育的质量和效率方面有着至关重要的作用。

2. 注重新媒体教育平台的内容建设

如果说在新媒体中思想文化平台的构建，是高校思想政治教育工作学生思想引导的首要任务的话，那么教育平台的构建就能有效为思想文化平台的构建提供有力的支撑，可以说教育平台的构建为思想文化平台的构建提供了重要的推动力。在新媒体中教育平台的构建的主要目的，就是通过对教学内容的补充来对教学进行完善，进而以此来实现思想政治教育的目标。而要切实有效地对教育平台进行构建，则应当以思想政治教育的实际教育目标为基础，对不同的信息内容，以及学生的实际情况进行把握，进而以最科学合理的方式对教育平台进行构建。除此之外，针对新媒体教育平台的内容建设，除了要充分考虑当代高校学生的实际情况之外，还应对学生的实际思想状况进行充分的考虑。

当代的高校学生，受社会及其周边环境的影响，往往能更好地接受全新的思想与文化，然而这往往也从侧面反映了其在独立性和自主性等方面的缺乏，导致其思想往往受他人所影响而产生一定的偏差。高校学生教育的目的除了要注重学生文化知识和道德品质的培养之外，还应充分强调学生主观能动性的发挥。然而在实际的教育教学过程中，学生的学习更多的是由教师所带领，这就使得学生在实际的学习中无法进行独立的思考，最终导致学生在面对问题时能在教师的引导下进行解决，但遇到相类似的问题时却表现得无从下手，对学生实践应用能力的培养也有所限制。对高校的学生而言，对其独立思考及自主学习的能力进行培养，往往要比直接的知识传授要重要得多。在新媒体背景下，新媒体在高校思想政治教育中的应用也为学生这一能力的培养提供了一定的机遇，在教育平台的基础上通过内容的建设，能有效全面地对教学、思想、能力等内容进行掌握，进而在最大程度上实现对学生能力的提升。

（1）建立微博为主的师生互动沟通平台

微博是新媒体发展中诞生的一种能够对信息内容进行传播的新媒介形式，对现阶段高校的学生而言微博是被他们广为喜爱与接受的一种互动交流平台，因此其在高校学生群体中也有着非常大的影响力，高校的思想政治教师在教学中也可对其进行充分的利用。

①各高校可利用微博建立学校的官方平台，在日常的教学生活中对学生进行这一平台的宣传，让学生能给予这一平台充分的关注。对高校的学生而言，学校往往承担着对其思想等进行引导的重要任务，因此，我国各高校就应当充分发挥自身的优势对微博进行充分的利用，将其作为校园信息发布的重要平台。除此之外，为了提高微博在学校教学管理领域的使用率，学校也应加强在其应用方面的重视，并积极对学校各部门及学生的使用状况进行了解，而这也往往能从侧面反映学生在日常的学习生活中所存在的问题。

②我国各高校可以将微博作为学校中的交流工具，以此来对微博的服务功能进行充分的发挥。通过微博，高校可将新闻、公告及相关的资讯信息进行及时的传播。通过相关的实践调查发现，我国现阶段已有部分高校开通了校园微博公众平台，且校园相关的工作失误、奖惩信息等内容均会通过该平台进行发布，同时学生也可通过该平台向学校提出相关的意见等。

③对于高校的思想政治教师学校应给予其充分的鼓励，让其将微博融入日常的教学工作中。比如，高校的思想政治教师可以建立一个教学微博，以此来与学生构建更加平等、和谐的师生关系，进而通过日常的互动沟通交流来深入了解学生真实的想法，并及时发现和解决学生在日常生活和学习中遇到的困难。除此之外，高校的思想政治教师还可以利用学生感兴趣的视频、图像等内容结合相应的教学资料内容等来进行思想政治的教学。由于微博具有关注共享的功能，因此，高校

的思想政治教师也可要求学生与学生之间、学生与教师之间进行相互关注,这就使得教师帮助一个学生解决问题的时候,其他学生也可通过微博共享看到问题解决的办法,这也在很大程度上拓宽了高校思想政治教育的范围。

④针对微博内容编辑的字数限制问题。高校的思想政治教师在教学工作中除了文字之外,也可以通过超链接的方式来对完整的信息进行传播。比如在对时政内容的教学中,教师就可以通过超链接的方式附上时政信息的网站等。除此之外,高校的思想政治教师也可以利用微博来与学生对时下相对较为热门的话题进行探讨,并通过探讨来对学生的思想状态进行分析,进而对其进行有效的引导,让其正确地对自身的意见和想法等进行表述。通过这样的方式不仅能有效提升高校学生在学习中对微博的使用兴趣,同时对学生的自我学习能力的提高也有着很大的帮助。

⑤高校的微博应针对其关注者的特点而增强其教育性。就我国现阶段各高校官方微博的关注人数调查来看,一直在呈现不断上涨的趋势。对此,高校的思想政治教师在微博的运用中就应当重视微博教育性内容的构建,通过在微博中传播一些具有教育性意义的内容,来对学生的思想进行潜移默化的影响,帮助他们树立正确的价值观念。比如,我国某高校就路遇摔倒老人"扶不扶"这一问题进行探讨,该校的官方微博平台也对此给出了积极正面的回答,要求本校的学生在遇到摔倒老人时都能勇敢去扶,而学校会成为你坚实的后盾。

⑥我国各高校也可让知名的教师开通专门的名教授微博,让学生能够直接与知名教师之间进行互动交流,并通过微博来了解教师讲座召开的状态,这对提高高校思想政治教育的时效性往往也有着较大的帮助。

⑦在对微博这一新媒体形式进行运用时,我国各高校还应加强对微博内容的监督与管理。所谓加强对微博内容的监督与管理,实际上就是要保证微博内容的高质量,高校要指派专门的工作人员通过甄选的方式来选择微博的内容,保证微博的内容既能吸引学生,又能对学生进行正确的引导。

(2)建立高校思想政治教育的校园互动网站

在网络信息技术飞速发展的当今社会,互联网络已经成为应用最为广泛的新媒体形式。而我国高校作为人才培养的重要基地也,应顺应这一潮流趋势构建本校的校园互动网站,以此来提高校园教学管理的有效性。在新媒体的支撑下,我国各高校可通过在校园网站中的互动来进行信息的传递,而这对学生的思想观念培养也有着重要的影响。对此,我国国家及地方的教育部门都很重视新媒体背景下校园互动网站的建设。

①针对学生的思想观念培养，我国高校应建立专门的教育网站、论坛等，以在新媒体背景下对学生进行教育培养。对此，高校既可设置独立的教育网站，也可与其他部门之间建立综合型的网站，以充分给予学生更加灵活的互动空间。

②校园互动网站的建设要根据学生的实际情况，以学生的思想引导为目标为学生提供更加全面的服务。在此基础上，学校的各单位部门也可充分利用这一平台来进行相关信息的发布。比如：教务处可利用这一平台发布相关的教学活动及通知等；团委可利用这一平台发布相关的学生工作等；图书馆可利用这一平台发布相关的书籍增减信息等。除此之外，学校相关活动的组织、教学讲座的开展等都可利用这一平台加以发布等。

③高校的思想政治教师在利用校园互动网站进行相关的学生引导时，网站的构建应充分采用学生所关注的，能对学生产生吸引的内容。且在实际的学生培养中教师与学生之间的互动交流既要保证师生之间的平等性，同时还要保证内容能对学生的思想等产生积极的影响。

④要对高校的校园互动网站进行构建与完善还需要有专业的技术作为支撑。因此，高校的思想政治教师要对校园互动网站进行充分运用，来对学生进行有效的引导，也必须保证自身拥有专业的知识与技能来更好地对校园互动网站加以运用，并提高思想政治教育的效果。

（3）运用新媒体技术形成教育合力

在当今先进科学技术的支撑下，新媒体在社会各领域都发挥着重要的作用，尤其是在高校的思想政治教育方面其突出了其独有的优势。在这一背景下，高校的思想政治教育要得到更加有效的发展，也需要利用新媒体形成教育合力作为支撑。在新媒体的运用中，人们的思维意识能和机器之间形成充分的融合，并通过特殊的形式，对原本抽象化的思维意识进行展现，并将其充分地转化为信息的形式进行传递。因此，高校的思想政治教师在日常的工作中，除了要保持作为一名教师应有的责任心和职业素养之外，还应在新媒体方面拥有较强的知识技能，从而使自身的能力得到全方位的提升，并对学生的思想政治素养进行培养。

高校的思想政治教师还应与学校其他各部门的工作人员，以及学生家长建立良好的合作关系，以此来保证自身工作的全面性。一方面，在新媒体背景下要保证思想政治教师和家长之间形成良好的合作关系，以全面对学生的思想状态等进行了解，进而根据学生的实际情况制订完善的学生管理机制，以此来促进高校学生管理工作规范性的提升；另一方面，高校的思想政治教师要对学校的新媒体平台进行充分的利用，以此来与学生家长之间构建良好、和谐的合作关系。这不仅能有效帮助家长及时地对自己孩子在学习中的实际情况进行全面的了解,也可充分了解教师针对学生所反馈的信息,同时还能及时将自己所指导的信息向教师进行反馈,这就有效使各高校和学生家长之间形成了一个对学生进行思想政治教育的合力。当然除了学生的家庭之外,我国各高校也可与社会之间形成合力的关系,来对学生正确的思想品质等进行培养。

在新媒体背景下,我国高校的思想政治教育无论是理念还是形式都出现了巨大的变化,但为了对学生正确的思想意识和道德观念等进行有效强化,还需要学校、家长和社会之间实现通力合作,为高校学生的思想政治教育工作构建良好的教学体系,进而运用新媒体技术形成教育合力来对学生进行培养,而这对提高教学的效率和质量都具有良好的作用。

(二)提高师生运用新媒体的媒介素养

高校管理者要想切实提高大学生思政教育的工作实效,有必要加强学生和教师的新媒体媒介素养教育。

1. 提高高校学生的新媒体素养

新媒体背景下,大学生的受教育状态发生了很大的变化,与过去相比,不再是被动地接受教师的知识灌输,而是能够主动地利用新媒体技术搭建起一个不断汲取新知识的学习平台,自主选择自己想要的信息。就现阶段而言,新媒介环境下这种开放式的教学模式,给大学生的学习生活带来了一定的积极影响,但也存在着负面的作用。大学生正处于"三观"形成的重要时期,在面对网络上一些鱼龙混杂的信息时常常感到无所适从,为了进一步增强思政教育工作的有效性,高校管理者应注重提高大学生群体的新媒介素养,培养他们对媒体信息进行判断、甄别的能力。

首先,学校可以开设单独的媒介素养教育课程,邀请专业教师授课,教学内容包括基本概念介绍、新媒体特点、功能、传播规律等,旨在提高当代大学生对新媒介的认知,以及其与政治、经济、文化三者之间的关系,从而有效强化自身的大众传播能力、对负面信息的判断与免疫能力,始终保持正确的观点与立场。

其次,要想提高大学生的媒介素养水平,增强其自我教育意识也很有必要。面对网络上各类信息,大学生应主动加强自我教育与实践,充分发挥自己的主观能动性,熟练掌握媒介素养的基本理论知识,积极参加学校组织的各项实践活动。

2. 提高教育工作者的新媒体素养

在如今新媒体的教学环境背景下,高校的思政教育工作者承担着大学生思想政治意识引导与塑造的重要职责，所以只有教师具备了足够的媒介素养，才能保证教学工作的高质量展开。新媒体技术的出现打破了以往教育工作者在教学活动中占据绝对主导地位的局面，大学生可以利用网络或其他新媒体途径提前获得自己所需信息，这就意味着教师在教学过程中，很有可能会遇到听不懂学生说的一些网络上的新鲜词汇的情况，产生沟通障碍，从而给教学活动带来一定的压力。为此，高校思政教育工作者应时刻注重提高自身的媒介素养水平，熟练掌握各种与新媒体技术相关的教学方法。在新媒体背景下，教育工作者不仅要具备良好的专业素质，还应学会利用新媒体技术开展各项思想政治教学活动。

首先，高校应加强教育工作者媒介素养的培训工作，提高他们的计算机网络应用能力。随着互联网技术的不断深入发展，我们的生活也正逐渐发生着变化。在这个以网络为基本特征的信息化时代里，高校教育工作者应正确认识新媒体技术对教学活动的积极作用，这是开展大学生思政教育工作的必要前提。

其次，教育工作者还应熟悉一些常用的网络新语言。在新媒介作用下，信息传播大多数情况下都是通过网络进行，人们不需要面对面即可随时交换、传递信息，整个过程中双方都不清楚彼此的面部表情、个人情感及语调等，所以只能依靠文字来判断对方的意图。因此，在新媒体背景下，高校教育工作者要想让学生充分理解自己的思想观念，有必要先学会他们所使用的网络语言，缩短师生之前的距离，保证教学活动更加高效地展开。当然，在学习过程中，教师也应有所取舍，引导学生摒弃一些不良的网络习惯用语，树立正确的思想价值观念。

最后，教育工作者应具备足够的信息素养，做到对网络上的各种信息进行快速收集与处理。新媒体背景下，网络上充斥着各种各样的信息，教育工作者必须对这些信息进行过滤筛选，选择合适的内容引入课堂教学活动当中。同时教师还应培养自己对网络信息的敏感性，善于从其中提取出健康、积极、有价值的信息，并且将这些正面的网络信息积极地传递给广大学生，提高他们的政治思想水平。

3. 规范管理新媒体的使用行为

新媒体技术不仅为思政教育工作者提供了大量有价值的教学信息，也显著促进了高校教师与学生之间的互动交流，能够使大学生更加准确地理解教师的想法，并给予其自主选择的空间，充分体现了教师与学生在教学活动中的平等性与互动性。然而，网络同时也具有高度的开放性与虚拟性，大量的虚假、不良信息掺杂其中，一些不法分子趁机肆意散播不良信息，对大学生的思想政治教育工作产生了不利的影响，削弱了高校思政教育工作的实际成效，所以，高校应不断完善校内规章

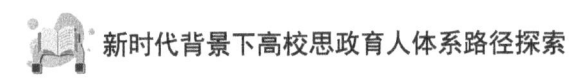

体制，将其纳入规范化的管理过程当中。

不可否认，在当代社会背景下，新媒体技术具有传统媒体不可比拟的诸多优势，但同时也存在着一些不完善之处。高校在利用新媒体技术开展大学生思政教育工作时，要注重相关规章制度的建设与完善，以免在使用过程中出现失衡现象。与此同时，还应提高思政教育工作者和大学生在使用新媒体时的自律意识，加强对新媒体的管理。

首先，可以采取一定的技术手段强化校园新媒体的管理。在虚拟隐蔽的网络世界当中，有关部门应加强对信息传播内容的监管，以免不良信息影响到大学生群体的身心健康。同时高校还应使用防火墙技术，第一时间内将不良信息拦截在校园网络体系之外。

其次，学校可适当采取一定的行政或法律手段来加强对新媒体技术的使用管理。例如，对使用新媒体的教师或学生进行详细的登记并录入电脑档案，提倡师生在使用贴吧或微博时尽量使用真实姓名，对于信息传播形成一定的约束效应。

最后，高校可以安排专门的网络管理人员及时搜索并清理校园网络中的不良信息，并根据学校的相关规定执行明确的责任问责制，采取相应的处罚措施，引导大学生正确使用新媒体。

二、新媒体背景下高校思想政治教育载体合力生成

（一）设立网络教学服务平台及教育资源中心

相比较于其他课程载体，高校思政课程载体有着一定的权威性、稳定性，而教育者自身也具有较强的主导性，并且整个教学过程都拥有配套的评价体系。所以，必须要继承传统的载体运作方式，充分发挥知识灌输的功能，但仍要注意与新媒体技术的有机结合，进而使知识灌输更富创意。

1. 借力新媒体，开展学习资源设计

由于高校思政教育的具体内容涉及较广，因而可从政治、思想、经济，以及文化等诸多层面来设计。为便于开展设计，教育者可将思政课程载体设计划分成三大部分，即主干内容、辅助内容和拓展内容。其中，主干内容部分的设计主要是指通过思政教育所传授的最重要的内容，它包括了思想道德修养与法律基础、马克思列宁主义原理、中国近代史发展、毛泽东思想、邓小平理论、"三个代表"重要思想以及科学发展观等众多内容。在实际教育过程中，教师应针对上述内容

的共性特征（较强的政治性和思想性），充分利用好网络优势，以文字、图片、音频、动画和视频等现代化手段进行呈现，并且变抽象为具象，化无聊为有趣，从而使高校学生自觉接受思政教育的洗礼，主动参与主课堂讨论。辅助内容部分的设计则涵盖了与主干内容有关的知识导入、评述和阐述等，譬如教学案、典型实例、链接网站和参与资料等。拓展内容部分的设计包括了教师指导与帮助、讨论与测试，譬如道德讲堂、成果展示、名师讲座等。思政教师通过不断丰富学习资源及精心设计教学内容，加强课堂教学互动性，进而实现高校思政教育目标，提高大学生整体思政意识。

2. 积极改进教学方法及手段

高校思政课堂教学的重点在于从根本上解决好大学生的思想问题，但这种思想理论是实践活动所不能实现的，所以需要依赖深度的理论课程教育体系对学生进行科学的指导，以正确的理论知识武装他们，以深入浅出的道理说服他们，从而帮助当下大学生合理使用马克思列宁主义，来处理好日常学习或生活中出现的各种问题。由于高校学生的思想意识较为活跃且发展需求也较为多样，所以传统的灌输式教学方法难以吸引他们的注意力，进而使他们无法对思政教育内容产生兴趣。为此，思政理论课教师应积极改进并创新教学方法，变灌输式、被动式和封闭式教学为指导式、主动式和开放式教学。此外，教师还要根据大学生的身心特点及其实际需求，对不同发展时期所面临的具体的问题进行集中解决，灵活开展教育教学实践，以此激发学生对思政理论学习的兴趣和热情。教学形式多元化是十分必要的，比如开展的思政教学活动有辩论赛、演讲朗诵比赛、撰写论文及分组讨论等。这样一来，不仅能让学生踊跃参与进来，而且也使得他们对所学的思政理论知识产生极大的兴趣。高校思政课程载体，并非由思政理论课独自承担一切责任，各专业课教学也应除知识传授外，融入一些思政教育内容。例如，在专业课教学过程中，适时渗透团队合作精神、人文精神、奋斗精神、创新思维和科学精神等内容。

（二）管理载体上，构建导航系统与特色网站

高校思政教育在物质及管理上应构建导航系统与特色网站，也就是将校内物质要素（如学校建筑风格等）、制度要素（如管理服务等）与大学生共同分享。当然，其主要方式则为建立特色网站，比如在校园网络上设置"视频新闻""图片鉴赏""文字阅读"等专栏，不仅能将静态化的建筑风格，以及院校风貌等以生动的视觉存在进行呈现，而且也能更好地传递出校园文化和精神。通过观看视频、

点击图片、阅读文字等形式,既可以凭借其语言性和直观性逐渐影响高校学生的"三观"、道德思想,同时又有利于他们在潜移默化中受到熏陶,激励其意志和理性,监督其修身立德。通过创建管理制度栏目,以一种公开方式使大学生领会到高校管理制度所体现出的"依法治校"观念,进而有利于提高学生的法治意识,培养遵纪守法的好习惯。总之,该过程即为高校最为重要的、最直接的隐性思政教育方式之一。

(三)不断拓宽校园文化的功能

校园文化应以高校学生为创建主体,以课余活动为承载内容,并且开展一系列积极的文化实践活动,对形成健康的、和谐的校园文化具有重要作用,不仅可以净化高校学生的心灵世界,而且也可以美化他们的行为。在新媒体背景下,高校必须将新媒体技术引入具体的文化创建之中,不断增强文化内涵,拓宽校园文化作用。通过改进、强化高校思政教育的网络化、信息化及数字化建设,促使新媒体技术与高校思政教育工作的协调发展,逐渐形成校园文化创建与思政教育信息的集中整合,从而进一步营造生动活泼的、积极健康的文化建设环境。例如,在高校文化创建过程中,可采取学术讲座、游戏竞技、艺术研讨会、辩论演讲等诸多形式,充分凸显现代大学生的精神风貌。但同时还要将鲜活的课题材料、优秀大学生的模范事迹等及时上传于校园网上,继而成为用户点击并学习的目标,既发挥育人功效,又有效健全大学生的人格。

(四)搭建师生信息快速传递平台

教师对于学生的影响是巨大的,其关键在于教师所具有的理论水平、个人魅力等,但是这些都来自辅导员、班主任、任课教师的专业素质和道德力量。如果将传统意义上的谈话或咨询融入该模式之中,可以具体表现为辅导员、任课教师开通个人空间,上传辅导资源和教学材料,撰写原创博客文章,组织学生讨论热门话题,公开自己的联系方式,并且建立微信、QQ群,进而与学生形成心灵伙伴关系,同时也保持信息传递速度、工作稳定顺畅。因此,高校思政教师应当持有"学为人师,行为世范"的理念,通过撰写文章、经营空间等诸多手段,充分体现自身的思政素养、教育能力,不断提高外在形象,坚持以科学的思想方向、严肃的治学态度、高尚的道德情怀,以及成熟的人格魅力来影响学生的思政品质和道德责任感,让他们心生理性反思,进而达到共鸣状态。当然这对整个思政教育而言,会产生较好的效果。

（五）注重媒体平台的建设

1. 校园网络建设

在新媒体背景下，抢占新的思想阵地最便捷而直接的举措是校园网络建设。同时，这也是高校思政教育人员开展学生工作的基础性工程，即将高校建设成传承先进文化、弘扬主旋律的平台，积极发挥网络思想阵地的重要作用，不断拓宽高校思政教育主阵地、大学生服务渠道，引导全体高校学生成长、成才和成人。为进一步确保成立大学生思政教育通道，各大高校应认真定位校园网络的功能和性质。校园网络理应是高校学生资源共享、经验交流、情感诉求、翻阅资料，以及线上学习的综合服务平台，所以在此基础上，校园网络需要承担思政教育责任及功能。总而言之，在校园网络建设过程中，必须注意如下几个方面。

（1）契合大学生需求，发挥校园网络服务功能

在新媒体背景下，高校校园网络应当是主要渠道，运用校园网络开展思政教育活动逐渐成为当前最为快捷的、高效的思政教育方式。校园网络并非只具有查成绩、发通知等作用，而应是集关怀性、趣味性、知识性及思想性为一体的平台，同时也是一个覆盖面较广、融载量较大，以及服务功能较强的教育载体。所以，高校学生可以随时随地获取一些生活、学习相关的讯息，同时也可以满足他们的精神文化需求。

（2）创建思政教育红网，走校园网络特色专栏之路

专业度较高的思政教育必须通过创建专题网站来实现，所以专题网站的重要性不言而喻。由于专题网站可以将党和国家的路线方针、理论政策等渗透到思政教育之中，在弘扬主旋律的基础上，可以进一步利用典型的案例，引导高校学生形成坚定的社会主义信念，促使他们不断发展。

（3）及时更新信息栏目，吸引大学生的注意力

在新媒体背景下，信息逐渐呈现裂变的发展趋势，校园网络若要留住大学生，让他们停留于网站上，就必须及时更新信息栏目，吸引学生的注意力，不断完善网络课程库，比如教学资源库、软件库等。与此同时，还应以大学生为本，就他们的日常生活、心理咨询，以及就业指导等诸多方面进行线上交流，利用网络媒体优势，开展一系列学术交流、艺术探讨、科技交流和文娱活动等。校园网络的服务宗旨在于为促进师生交互搭建便利平台，逐渐拉近师生双方的内心距离，进而帮助教师找出并解决当下大学生的身心问题及生活问题。

（4）发挥教学主体优势，投身校园网络建设

校园网络建设不单单是学校及全体教职工的事情，而高校学生作为其服务对象，理应成为校园网络的"当家人"，所以必须积极参与到校园网络建设的各项活动中，增强自我参与、建设、管理、维护和完善等意识。鉴于此，高校及教师应注重培养大学生参与网络建设的兴趣和热情，不仅可以充分运用网络资源，开展思政教育活动，而且还可以用学生的头脑智慧来促使校园网络建设朝着宽领域、高层次和全方位的方向进行发展。

（5）时刻关注网络舆情，积极引导舆论发展

新媒体的追捧程度较高，其原因在于新媒体传播常常伴着某种思想，受教育者学会了如何从被动接受教育信息变化成自觉接受与参与，而且也会对自己关注的话题或信息进行及时跟帖，正确表达出自己的思想观念，质疑或反对一些建议等。因此，高校思政教师应时刻观察网络舆情，密切留意网上动态，全面了解学生的思想情况，积极引导舆论发展，通过理性判断与分析，努力消除负面信息带来的不良影响，从而最大限度地降低了负面信息对学生思想意识的影响程度，促进他们健康成长与发展。

（6）充分利用各种手段，严格管理校园网络

由于新媒体具有较强的开放性、交互性、高效性等，因而使媒体管理变得极为复杂。所以，必须认真学习有关互联网的法律法规、规章制度，善用技术、法律和行政等方面的手段，科学管理校园网络，严禁各类不良信息散布于网络。此外，还应定期开展网络整治工作，对高校学生进行必要的用网安全教育，从而进一步确保校园网络信息的可靠性、安全性和有效性，同时也为大学生提供健康而和谐的网络环境。

2. 手机媒体、即时通讯、SNS等建设

（1）手机媒体

在新媒体背景下，尤其是信息时代的来临，手机逐渐成为一类独特的复合性媒体，因其具有较强的传播优势，截至目前全国范围内手机网络客户端用户已超过8亿，据不完全统计，用户数量年均上涨20%，利用手机设备上网的人群分布也较为集中，其中青年群体占较大比重。短信、新闻订阅等是手机媒体广泛使用的基本形式。大学生作为手机媒体的忠实群体，他们常常二十四小时微信、QQ、人人网、微博等诸多社交媒体不离线，与好友保持紧密联系，不仅充分发挥了手机自身携带的人际交往功能，而且也拉近了用户与社交网络之间的距离。所以，

高校思政教育工作人员应不断探究手机短信、新闻订阅等在思政教育中的运用,并借助手机媒体开展一些思政教育活动。第一,建立高校手机平台。高校信息部应健全管理信息系统,创作校内手机新闻报,将学校最近发生的新闻以手机短信形式传递给每一位学生。目前,大部分高校会在录取通知书里夹杂学校为新生统一配备的手机卡,并且将之纳入信息管理系统,直接与校园网络进行绑定,既有利于增强学生与学校之间的交流沟通,而且也为传递主流思想观念提供了必要的平台。第二,提高针对性,创造更多的手机思政教育资源。由于高校大学生所使用的手机几乎都为智能机,具备多种功能,所以学校可运用手机图片、杂志、音频及视频等诸多形式,制作可供手机客户端使用的思政多媒体课件。当然也可基于不同的手机媒体来开发出思政软件系统,利用现代化通信技术成果,不断增强教育的感染力及吸引力,从而进一步提升思政教育的针对性和时效性。

(2)即时通信(IM)

即时通信(IM)作为一种有效的软件执行手段,其主要依赖于网络、移动通信等平台,集文字、图像、音频、视频为一体的多元信息格式,并且通过多个终端的相关技术来实现跨越不同平台的高效率、低成本的通信工具。从装载对象的角度而言,即时通信可以划分成手机端即时通信、电脑端即时通信两种,前者主要有短信、网站和视频等,比如米聊、歪歪语音、QQ、百度、新浪、网易、MSN、微信、盛大等多种应用形式。

近几年来,即时通信凭借其较强的实时交互性、真实的沟通情境、自由的传播渠道及群体交流功能等,被越来越多的人所接受和运用。它不仅可以加强网络信息沟通,而且还可以将聊天用户同网站中的具体信息联系起来。高校利用网站信息向目标用户群推送各类信息,迅速吸引他们对该网站的注意力,进而提高网站的点击率和访问量。上述这些都能让广大网民爱不释手。据不完全调查统计,截至2014年12月底,全国范围内即时通信的用户量达到5.68亿,同比去年增长了5656万,其增长率约为13%左右。在大学生群体中,普遍运用手机短信、QQ、微信、微博、飞信等社交软件。为进一步发挥好新媒体的作用,必须把握以下方面。

第一,应当利用即时通信来缩短师生之间的距离,实现针对性交流沟通。高校思政教育工作人员必须充分运用即时通信,不仅为大学生提供观点表达或情感吐露的空间,而且也能有效拉近与他们的距离。即时通信可以采用不同类型的交流方式,比如一对一、一对多和多对多。针对那些存在心理障碍的学生,高校思政教育工作人员需采取这一方式来与他们靠近,全面了解他们的身心发展特点和现实生活状况，找出其症结所在，加强沟通交流，从而更好地因势利导，同时帮助他们纠正认知偏差，走出黑暗的误区。

第二，应当建立即时通信群组，加强群体管理和交流。高校思政教育工作人员可与学生共同建立群组，比如微信群、飞信群和 QQ 群等。通过创建群组，不仅真正意义上实现了多人交流，而且也可以对好友进行分类与管理，如组建学习群组及班级群组等。除可以群组中聊天、群发消息以外，还有许多即时工具可提供其他服务项目，比如群共享等，用户在群空间里运用相册、文件和论坛等共享交流方式。在新媒体背景下，由于大学生的交流互动减少，以及班级意识淡化，所以很容易出现集体荣誉感、社会责任感等严重缺乏。但是，运用群组功能，可将集体直接搬到网络上，构建基于交流和互动的活动平台。与此同时，高校学生在群组内开展交流与讨论，既不受传统课堂教学的时空限制，同时又能与其他同伴进行对话、合作和交流，从而进一步体会到集体力量的强大、师生之间浓浓的情谊。由此可见，该种方式，不仅快捷便利，而且又能达到最佳教育效果。

（3）社会性网络服务（SNS）

在百度百科里，关于社会性网络服务的定义有三种，专指引导人们构建社会性网络应用服务体系。第一种定义是社会所既有的、成熟的信息载体，譬如短信 SNS；第二种常用来指社交网站；最后则界定成一种分布式技术，即社会性网络软件，简单说来就是利用 P2P 技术来创建下一代网络软件。其中，第二种解释为社交网站，专门指引导人们构建社会性网络应用服务，比如人人网、开心网及朋友网等，这些都是社交型网站。社会性网络服务平台的核心理念是构建用户群体的人际网络，所以这一平台更注重用户的现实性。由于用户 ID 已经实名制进行认证，因而信息的有效性较高，涵盖了博客、E-mail，即时通信等诸多传统网络应用，并提供微博、游戏等现代化互动应用，逐渐成为网络最新发展潮流，同时也是人们日常生活、学习的必要载体，进而赢得广大学生的追捧和喜爱。

高校思政教育工作人员必须准确预测这一发展趋势，积极在学生经常聚集的社会性网络服务网站上进行实名注册，促使教师将此类网站当作素材搜集、思想吐露、观点表达和授课学习的综合性平台，共享教学资源和教学心得，从而让大学生成为思政学科知识库，逐渐建立师生互动系统，以更为丰富的教育内容来吸引学生，以更为积极的思想指导学生。

3. 创建网络微德育平台

网络微德育的内涵极为丰富而深刻。单"微"字就具有重要含义，从哲学角度上而言,"微"是指温暖、生命本微。而微德育是拓宽高校思政教育功能的主要体现。在新媒体背景下,就高校学生而言,他们所感兴趣的并非是高深莫测的德育理论、严谨的德育学科,而应是草根化的、个性化的交互平台和信息系统,不仅时刻刺激其神经体系,而且也影响其价值理念。所以,创建网络微德育平台,既有利于充分彰显新媒体的功能与价值,而且也有利于最大限度上发挥高校思政教育合力。基于上述探讨,现阶段,我国各大高校在创建网络微德育平台上应注意以下几点。

（1）认真洞察微现象，找出微问题

发现问题不仅仅是提升思想观念的过程,而且也是凸显高校思政教育者业务能力的过程。网络微德育工作人员应当仔细观察高校学生在日常生活、学习中的一些微小现象,从中紧紧抓住思政教师在生活、学习过程中容易被遗忘的环节,并且提炼成具体的问题,分析其产生的内外部原因,妥善进行处理,以此增强大学生的思想道德品质。例如,课堂教学"三不动",破坏公共设施,食堂吃饭或上电梯不排队、不避让等不良现象;生活中随意拿其他同学的东西、午休时间大声吵闹、恋爱受挫问题、内心郁闷而无处释放等消极行为;人格自闭、自杀倾向、人际关系紊乱不佳、不关注集体及双重心理等。鉴于此,这些不良现象或问题等要求高校思政教育工作人员应结合学生的实际情况,认真搜集有关数据,深入分析问题出现的原因,并且针对不同的问题提出对应的网络微德育措施。

（2）组建微组织，创造网络微平台

组建微组织是高校在新媒体背景下开展微德育的核心环节。因此,必须建立符合高校发展要求的微型组织,以此为实施微德育提供必要的组织保障。例如,以班级为基层单位,可成立党团小组,学生之间可创建微型活动社团;在组织运作中,应将常规制度渗透到微型组织章程之中,推动校园大型活动向常态性活动的积极转变。与此同时,高校学生组织是动态发展的,各小组成员通常可以相互调换和借用,从而能够快速分享体验和感觉,充分发挥高校网络微德育的长效作用。

除此之外,还需要拓宽渠道,建造网络微平台,这是高校在新媒体背景下开展网络微德育的切入点。思政理论教育注重交互渠道的通畅性,通过基于现代化新媒体技术的信息平台进行实现。其中,微博凭借其独特的传播方式、多元的表达方式、个性的创作方式、真实的体验方式,以及缜密的媒体方式等优势,为高校网络微德育的运用提供技术支撑。比如,在思政教育博客或专题维客上,高校微德育工作人员都可利用标签技术、聚合技术等,应用到具体的专题或话题中,鼓励大学生积极问答、对话和交流，主动参与评论叙述，进而实现资源共享、各尽所能、教学相长和团结合作。

（3）激发微活力，开展微活动

就高校思政教育而言，与传统课堂渠道相比较，基层文化活动无疑是最重要的、最有效的教育载体，丰富的校园文化活动在充实大学生的课余生活的同时，还进一步增强了他们的心智能力。但毋庸置疑，当前很多高校往往存在这一现象：几乎所有的活动仅有个别积极分子是活跃者、主力军，一般多为班干、学生会代表、社团人员等，而大多数学生都不愿主动参与，只是在旁观望，更有甚者表示冷漠。随着新媒体技术的不断发展和创新，使人们的文化需求逐渐得到改变，这就意味着思政教师应锻炼大学生的综合素质，引导他们形成高尚的思想品德，从而促使微活动的开展。为进一步落实高校思政微活动，目前应在以下几个方面进行改进：其一，就活动组织而言，应当充分发挥高校学生的主体参与作用，坚持以学生的实际需求为教育方向，精心策划并组织课堂教学环节，从而进一步增强教学主体力量，积极探索各种形式的思政微活动；其二，就活动方法而言，应当选择那些难度较低的活动，多安排低门槛、容量大的教学实践活动，以此让更多的高校学生主动参与到活动中来；其三，就活动内容而言，应当适度包容，尽力满足大学生的多元需求，针对有些不被人接受的小微活动，必须加以引导与整合，从而增强他们的归属感、主人翁意识，同时彰显德育关怀。

总而言之，在新媒体背景下，创造网络微平台是一次重要尝试，但值得注意的是，在教学定位上，不仅要结合学生的实际发展特点，而且还要同他们的未来发展相吻合；在教学设置上，不仅要建立微型化教育体系，充分满足大学生的多元选择，同时还要参与各种微德育体验，进而引导他们自觉遵守道德约束。

参考文献

[1] 扈雅璐，帅雨婷，宫奕波. 大思政视野下高校思政教育实践育人模式及其价值[J]. 公关世界，2021（18）：125-126.

[2] 陈倩. 高校课程思政建设的困境与机制创新[J]. 现代商贸工业，2021，42（30）：117-118.

[3] 李爽. 高校课程思政建设中存在的主要问题及应对策略研究[J]. 东北师大学报（哲学社会科学版），2021（5）：137-144.

[4] 张仕德. 课程思政背景下构建高校体育课程育人体系[J]. 当代体育科技，2021，11（20）：96-98.

[5] 李娟. 高校思政教育合力育人体系的构建[J]. 人才资源开发，2021（5）：44-45.

[6] 李馨雨. 大思政格局下构建高校思政育人新路径研究[J]. 佳木斯职业学院学报，2021，37（2）：7-8.

[7] 郑美丹. 高校课程思政的育人价值及其实践路径研究[D]. 石家庄：河北科技大学，2020.

[8] 杨祎辰. 基于新媒体技术构建高校思政育人共同体的路径研究[J]. 中国职业技术教育，2020（26）：47-50.

[9] 蒋鹏. "三全育人"视域下的高校思政教学改革研究[J]. 当代教育实践与教学研究，2020（13）：70-71.

[10] 毕玉婷. 陕西民办高校思政育人工作研究[D]. 西安：西安石油大学，2020.

[11] 王志学. 论大学生思想政治教育工作队伍建设的途径与方式[J]. 花炮科技与市场，2020（2）：143.

[12] 兰玉. 新时代高校思政观研究[D]. 西安：长安大学，2020.

[13] 程艳，丁祥艳. 高校思想政治理论课"听读写说行"教学模式研究[M]. 北京：新华出版社，2020.

[14] 蔡文玉. 高校课程思政实践策略研究[D]. 秦皇岛：燕山大学，2019.

[15] 林敏，郑晓静，潘诚耀. 加强大学生思想政治教育和学工队伍建设研究[J]. 传播与版权，2019（11）：147-148；151.

[16] 朱海. 构建高校思政网络育人体系研究[J]. 当代教育实践与教学研究，

2019（14）：15-16；22.

[17] 李金鑫. 新时代大学与中学思想政治教育有效衔接问题研究 [D]. 武汉：湖北工业大学，2019.

[18] 于雪晶. 新媒体时代大学校园文化思想政治教育功能研究 [D]. 南京：南京邮电大学，2018.

[19] 于婧. 思想政治教育视野下大学新生入学教育研究 [D]. 大理：大理大学，2018.

[20] 王易. 传统文化与思想政治教育创新 [M]. 北京：中国人民大学出版社，2018.

[21] 刘丹. 加强辅导员队伍建设提升大学生思想政治教育水平 [J]. 旅游纵览（下半月），2017（24）：215.

[22] 汪铮. 大学生思想政治教育研究 [M]. 成都：西南交通大学出版社，2017.

[23] 张耀灿. 思想政治教育学科建设研究 [M]. 北京：中国人民大学出版社，2017.

[24] 张骥飞. 当前高校思想政治教育队伍建设存在的问题与对策研究 [D]. 南昌：南昌航空大学，2016.

[25] 徐伟. 新媒体视域下大学生思想政治教育的队伍建设研究 [J]. 吉林广播电视大学学报，2016（11）：60-61.

[26] 中国人民大学马克思主义学院，中国人民大学马克思主义理论教育研究所. 马克思主义理论与思想政治教育研究 [M]. 北京：中国人民大学出版社，2016.

[27] 蒯正明，孙武安. 推进高校思想政治教育多样化教学模式的路径探析——基于温州大学的探索与实践 [J]. 思想政治课研究，2016（1）：32-35；105.

[28] 王志强，申小蓉. 思想政治教育 [M]. 北京：中国文史出版社，2015.

[29] 唐昆雄，欧阳恩良. 党的思想政治工作史与新时期高校德育研究 [M]. 北京：中国文史出版社：高校德育成果文库，2015.

[30] 吴国友. 高校思想政治教育工作创新与实践探索 [M]. 北京：中国文史出版社：高校德育成果文库，2015.